194. B-lla
H.

GÉOGRAPHIE
ANCIENNE ABRÉGÉE,

Par M. D'ANVILLE,

De l'Académie Royale des Belles-Lettres, & de celle des Sciences de Petersbourg, Secrétaire de S. A. S. M. le Duc d'Orléans.

TOME PREMIER,
contenant l'Europe.

A PARIS,
Chez MERLIN, Libraire, rue de la Harpe, à l'Image Saint Joseph.

M. DCC. LXVIII.
Avec Approbation & Privilége du Roi.

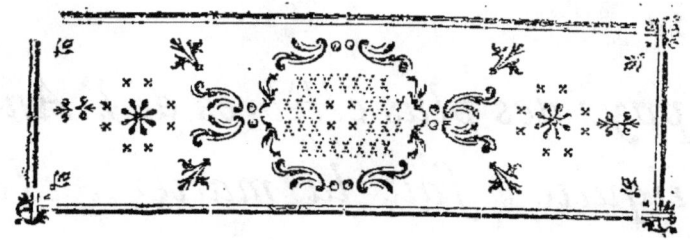

A MONSEIGNEUR

LE COMTE

DE

SAINT-FLORENTIN,

MINISTRE

& Secrétaire d'Etat.

MONSEIGNEUR,

C'EST à la protection de VOTRE GRANDEUR que je dois la publication d'un ouvrage, dont l'Egypte,

a ij

pays des plus célèbres de l'Antiquité, fait la matière. Je saisis pour témoigner publiquement ma reconnoissance, l'occasion d'un autre ouvrage, qui contient ce dont il est plus important d'être instruit dans tout ce que l'ancienne Géographie prend d'étendue. Ce qui est ainsi d'une utilité plus générale pourra mériter l'approbation d'un Ministre, dont les intentions de faire tout le bien possible sont universellement reconnues. L'ac-

cueil favorable des Personnes en place est un aiguillon de plus pour les Gens de Lettres. Je l'ai éprouvé en travaillant à ce dernier ouvrage, que je prends la liberté de Vous présenter comme une marque du profond respect avec lequel je suis,

MONSEIGNEUR,

DE VOTRE GRANDEUR,

Le très-humble & très-dévoué serviteur,
D'ANVILLE.

PRÉFACE.

J'ENTREPRENDS, dit un Géographe de l'Antiquité, de décrire le Monde, ouvrage rempli de difficultés, & nullement susceptible d'élégance dans le style (*). Mais, quand on s'applique à l'étude pour acquérir des connoissances, il faut qu'au désir de satisfaire sa propre curiosité, se joigne le motif d'être s'il se peut, de quelque utilité au Public. Après avoir donné dans le cours d'environ quinze ans, des Cartes plus amples qu'aucunes précédentes,

---

(*) *Orbis situm dicere aggredior, impeditum opus, & facundia minimè capax.* Pomponius Méla.

des quatre Parties du Monde, suivies de la Mappe-monde en deux grands Hémi-sphères, excité à ce travail par feu Monseigneur le DUC D'ORLÉANS, aidé dans l'exécution par ses bienfaits, & par ceux du Prince son Fils, je me suis livré à la composition d'une seconde suite de Cartes, réservée à l'ancienne Géographie, objet qui m'a toujours été précieux. Il paroîtroit superflu de recommander particulièrement ce qui est assez généralement reconnu, la nécessité d'être instruit dans cette Géographie, quand on veut l'être dans l'Histoire.

A la tête de cette suite est une Carte générale de l'*Orbis Veteribus notus*, ou du Monde connu des Anciens. Elle est suivie de l'*Orbis Romanus*, ou du Monde Romain, en deux parties, occidentale & orientale. Les objets y font plus développés, beaucoup plus circonstanciés, que dans des Cartes publiées antérieurement de l'Empire Romain. On les présente sous un point de vue convenable à ce qui intéresse l'état principal de la Géographie dans l'antiquité, plutôt que celui d'un âge postérieur, selon lequel des provinces multipliées presque à l'infini, font méconnoître l'état naturel des régions primitives. Ce que le Monde connu des Anciens prend d'étendue hors des limites de ces deux morceaux, n'offre guère d'autre détail qu'on ait le moyen de mettre en place avec quelque certitude, que celui qu'ex-

PRÉFACE.

prime la Carte générale de cet ancien Monde. Et j'ai pu me flatter de fournir beaucoup de Géographie, fans y employer plus de trois feuilles de Cartes.

Mais, il y a des contrées qui font trop de figure dans l'antiquité, pour n'avoir pas demandé d'être traitées féparément, & de manière à laiffer moins à défirer fur ce qui les regarde. L'ancienne Gaule étoit particulièrement recommandée à un François. Il fuffit de nommer l'Italie, la Grece, l'Afie mineure & la Syrie, la Paleftine, l'Egypte, pour reconnoître les différens théâtres fur lefquels roule la fcène des grands évènemens, dans les fiècles dont l'Hiftoire conferve la mémoire. Ce font donc autant de morceaux

PRÉFACE.

particuliers, qui entrent dans une collection de Cartes, que l'on peut croire suffire à représenter ce qu'il y a de plus ou moins circonstancié dans l'ancienne Géographie.

Ces différentes Cartes entre les mains de plusieurs personnes, ont fait désirer qu'il y eût quelque ouvrage par écrit, qui mît de l'intérêt à les consulter. Entre ces personnes il s'en est trouvé d'un sexe, dont la curiosité bien digne d'éloge sur un pareil sujet, vouloit qu'on se fît un devoir d'y satisfaire. Il n'existoit point d'ouvrage qui parût tenir la place de celui que l'on publie. Les sçavans ne se font point une peine de feuilleter les deux très-gros volumes *in-quarto* de Cellarius. Mais, dans son travail, quoique très-estimable, le défaut d'une connoissance suffisante de la Géographie actuelle, prive l'ancienne Géographie de la lumière dont elle a souvent besoin, pour être fixée, pour être même redressée en plus d'un endroit. Car, on peut accuser les Géographes de l'antiquité, de paroître quelquefois en faute à des yeux ouverts sur le local, dont l'inspection doit accompagner, autant qu'il est possible, l'étude qu'on voudra faire de ces Géographes.

J'ai senti en composant un abrégé, toute la difficulté attachée à ce genre de travail. Je ne me serois pas prêté volontiers à le faire plus sec, & décharné. Il a fallu d'un autre côté prendre sur soi, pour se refuser au desir, & à une sorte

PRÉFACE.

d'ambition, d'en enrichir davantage la compoſition. Pour fixer l'attention du lecteur aux choſes principales, le fond de l'ouvrage n'étant point ſurchargé d'un trop grand détail de lieux particuliers, une Table en ſimple Nomenclature fournira ſur ce détail un ample ſupplément. Les régions ſur leſquelles l'ancienne Géographie reçoit le plus de lumière des notions actuelles, ſont celles qui contribuent davantage à rendre nombreuſe cette Nomenclature. Et une autre remarque à faire, c'eſt qu'il y a des contrées ſur leſquelles l'antiquité eſt plus riche que l'état actuel connu. Ainſi, on ne doit point attendre, qu'une indication de poſitions correſpondantes ſe répande avec égalité ſur les différentes parties, bien loin de la vouloir universelle. Je me suis un peu passionné, si cette expression est permise, sur ce qui regarde l'Asie. Mais, ce que quelques personnes ont bien voulu me témoigner, qui est d'y voir moins de retenue sur le sçavoir qu'il n'en paroît dans l'ouvrage en général, me feroit conclure, qu'il étoit à propos que cela fût ainsi, & que le besoin pouvoit être plus grand sur l'Asie que sur notre Europe.

La lecture d'un ouvrage de ce genre demande indispensablement que les yeux se portent en même-temps sur des Cartes; & quel seroit le nombre de petits morceaux à disperser dans un pareil ouvrage, si on vouloit l'y faire correspondre au nombre des ob-

PRÉFACE.

jets particuliers qu'embrasse un aussi vaste champ, sans rien omettre du détail de ces objets ? Ce n'est point une lecture de pur agrément, & à faire en quelque lieu qu'on se trouve. Sérieuse comme elle est, elle peut aisément être accompagnée d'un rouleau de Cartes, ou d'un Porte-feuille qui les renferme. On ne sent point assez, combien il est avantageux de se rendre familier au coup-d'œil, l'ensemble, la situation & l'étendue respective de plusieurs parties limitrophes, plutôt que de les avoir morcelées séparément, & sur différens points d'échelle, ce qu'il ne seroit pas possible d'éviter; de sorte que pour se faire quelques idées justes de réunion & de comparaison, une étude laborieuse devienne nécessaire. Encore, n'en résultera-t-il pas le même effet que peut produire sur l'imagination l'inspection fréquemment réitérée d'un même tableau.

Un autre article sur lequel il faut être détrompé, c'est d'avoir des Cartes qui fassent voir la Géographie actuelle appliquée à l'ancienne, ou plutôt confondue avec elle. Ce qui est praticable sur quelques positions de lieu en particulier, qui est de leur inscrire plusieurs noms, ne peut l'être à l'égard des pays dont les limites ne se répondent pas. Comment distinguer sans embarras & confusion, ce qui est ancien ou moderne dans la trace de ces différentes limites? Si un nom ayant

PRÉFACE.

quelque chose de commun, ainsi que le nom de Guienne avec l'ancienne Aquitaine, dont on sçait qu'il dérive, ne tombe pas sur la même étendue de pays; si cette étendue n'est pas à beaucoup près égale, comme celle de la Provence en comparaison de l'ancienne Province Romaine dans la Gaule, que sera-ce des pays qui n'ont rien d'approchant dans le rapport? J'ai vu des personnes imaginer, de faire passer sous la presse en couleurs différentes la répétition d'un même plan de Carte. C'étoit ne pas voir la difficulté de l'exécution, & d'une double dépense. Apporter trop de facilités nuit foncièrement à l'instruction : il faut qu'il en coûte quelque application pour acquérir des connoissances. La correspondance de l'ancienne Géographie & de la moderne se fera connoître, se développera, en comparant des Cartes modernes aux anciennes, & ces Cartes modernes sur le même fond de plan que les anciennes rendront la comparaison fort aisée. On en tirera même l'avantage de se familiariser avec l'un comme avec l'autre état de la Géographie.

Il n'auroit pas été convenable dans un abrégé, de n'y faire paroître aucun lieu qu'en citant des auteurs dont il est tiré, quoiqu'on n'ait pas cru en être tout-à-fait dispensé dans quelques cas particuliers. Ce tissu ne devoit point ressembler à des discussions, telles qu'on en peut voir dans des

PRÉFACE.

Mémoires communiqués à l'Académie dont j'ai l'honneur d'être membre, bien qu'il ait été difficile d'éviter également par-tout ce même ton de difcuffion. En préfentant un édifice de vafte étendue, en parcourant fes différentes parties, on épargne à l'œil autant qu'il eft poffible, la vue de tout l'échafaudage, & du détail prefque infini de matériaux qui ont fervi à l'élever, & à le remplir en même-temps d'une multitude d'objets qu'il devoit renfermer. Les perfonnes auxquelles une forte de bizarrerie dans l'altération des noms n'eft point familière, & qui peuvent être peu au fait de certains rapports, par lefquels fe conferve un refte d'analogie dans cette altération, verront peut-être avec quelque étonnement, que des noms en apparence assez dissemblables, soient donnés pour correspondans. Je desirerois beaucoup, que des yeux presque usés par une longue étude, comme par les desseins d'un grand nombre de morceaux, dont plusieurs n'ont point été gravés, me permissent encore de faire succéder à cet abrégé de l'ancienne Géographie un autre ouvrage, qui pourroit être intitulé : *Etats formés en Europe après la chûte de l'Empire Romain en occident.* Ce changement de scène, qu'on peut traiter de révolution dans la Géographie, & amené par des circonstances recueillies dans l'Histoire, paroîtroit d'autant plus intéressant à considérer, qu'il prépare & sert de fondement à l'état où sont les choses actuellement.

AVERTISSEMENT

Concernant les Cartes néceſſaires à la lecture de ce Volume.

LE *Préliminaire fera connoître qu'il eſt à propos de jetter un coup-d'œil général ſur la Carte de l'Orbis Veteribus notus, ou du Monde connu des Anciens.*

Pour le détail des différentes contrées que renferme l'Europe, les deux parties de l'Orbis Romanus, ou du Monde Romain, en fourniſſent le champ complettement, ſi on excepte ce qui étant plus enfoncé dans le nord, eſt ſuppléé par la Carte de l'ancien Monde. Quel-

ques pays qui demandent d'être traités plus amplement que dans les parties du Monde Romain, font l'objet des Cartes particulières de Gallia, Italia, Græcia.

Dans le nombre des personnes que le desir de s'instruire engagera dans la lecture de cet Ouvrage, il peut s'en trouver qu'il soit à propos de prévenir, que les noms propres du local, imprimés en caractère italique, doivent être lus comme dans le Latin. Ainsi, point d'e muet dans la finale de ces noms. On doit prononcer le ch, qui n'est qu'une seule lettre dans le Grec, comme on feroit un k, & conserver même cette prononciation dans les mêmes noms employés en Fran-

çois, comme est celui de Chersonèse. C'est le motif d'une utilité
générale qui a fait ajouter cette
remarque à cet Avertissement.

GÉOGRAPHIE

GÉOGRAPHIE
ANCIENNE, ABRÉGÉE.

L'ANCIENNE GÉOGRAPHIE se renferme dans ce que les Ecrivains de l'antiquité, GRECS & ROMAINS, nous ont laissé de connoissance en cette matière. Le tems y avoit mis des progrès successifs. Ce que donnent les Poëmes d'Homère, est le premier âge, pour ainsi dire, de cette Géographie. La Grece, & ce qui en est voisin en Italie, une partie de l'Asie, quelque portion de l'Afrique vers l'Egypte, en font tout l'objet, qui ne reçut de notable aggrandissement que par les conquêtes d'Alexandre. On n'avoit auparavant d'autre connoissance de l'Inde que son nom, & celui de l'Indus. L'occident demeuroit inconnu aux Grecs, si ce n'est que quelques Historiens parloient de la navigation des Phéniciens vers les côtes méridionales de l'Ibérie ou de l'Espagne. Des établissemens formés en Italie & en Germanie par des Nations Celtiques, avoient pu répandre leur nom, sans que la Gaule, dont ces Nations étoient sorties, fût connue. La domination Romaine, lorsqu'elle s'étendit dans l'occident & vers le nord de l'Europe, en fit connoître les différentes contrées. Les parties de l'Asie & de l'Afrique assujetties à la même Puissance, furent aussi beaucoup mieux connues, qu'elles ne l'avoient été dans des temps antérieurs. Ainsi, ce qu'avec quelques anciens Ecrivains on peut appeller le MONDE ROMAIN, fait la partie principale de l'ancienne Géographie, & ce qu'elle exprime avec plus de détail & de précision. Rien ne resserre davantage les notions de l'antiquité en Géographie, que l'opinion de ne juger la Terre propre à être habitée que dans les climats d'une zône tempérée, à l'exclusion des zônes, que par les ardeurs du soleil, ou par l'extrême rigueur du froid, on croyoit inhabitables : & dans ce système, la zône torride étoit une barrière, qui ne laissoit point, entre la zône tempérée septentrionale qu'habitoient les anciens, de communication avec la méridionale. Les connoissances de l'antiquité étant ainsi contenues dans la largeur d'une bande ou d'une zône, les anciens ont pu appeller longueur, ou *Longitude*, ce qui pouvoit s'étendre davantage d'occident en orient, que ce qui paroissoit plus resserré en largeur, ou *Latitude*, du midi au septentrion. Le plus illustre des Géographes de l'antiquité, Strabon, n'étoit point détrompé sur cette opinion qui bornoit l'objet de la Géographie, quoique dans la sienne il s'étende à quelques terres au-delà du Tropique. Ptolémée en a reculé les limites, il passe même la Ligne équinoctiale. Le Gange, auquel

A ij

Strabon s'eſt arrêté, n'eſt point le terme de la Géographie dans Ptolémée. Les navigations avoient ouvert la voie vers des pays ultérieurs, juſqu'à celui des Sines, que nous ferons connoître dans la ſuite de cet ouvrage. Mais, par la ſituation qui répond à cette contrée, on verra en même tems combien il faut rabattre de l'extenſion que Ptolémée prenoit en longitude, juſqu'à cette extrémité de l'ancienne Géographie vers l'orient. La carte du Monde connu des Anciens, dans laquelle il a paru convenable de ne figurer de terres que ce qui appartient réellement au ſujet qu'elle repréſente, fait appercevoir d'un coup d'œil ce que l'antiquité connoiſſoit dans l'Aſie & dans l'Afrique, qui plus vaſtes que l'Europe, laiſſoient à un tems poſtérieur la découverte de ce que ces grands continents ont de plus reculé.

La diviſion du Monde en trois parties, Europe, Asie, Afrique, eſt de la plus haute antiquité. Mais, avant que d'entrer dans un détail de contrées, en chacune de ces parties, il est à propos pour l'intelligence de l'ancienne Géographie, de prendre quelques notions générales sur deux articles qui s'étendent à l'universalité de son objet. Le premier de ces articles regarde les régions & les noms des VENTS, selon les anciens; l'autre, les MESURES ITINÉRAIRES, dont ils ont fait usage. A l'égard des Vents, on les trouvera désignés dans la carte de l'Ancien Monde en plus grand nombre que ce que je crois nécessaire d'en rapporter ici. On sait que l'Equateur, & l'Axe du Monde d'un Pôle à l'autre, déterminent les quatre régions principales des Vents, qui ont été appelés cardinaux. L'oriental, nommé en latin *Subsolanus*, comme étant sous le soleil-levant, prend par la même raison le nom d'*Apeliotes* chez les Grecs; l'occidental se nomme *Favonius*, ou *Zepyhrus*. Le *Septentrio* est nommé *Aparctias* par les Grecs; & le *Notus* répond chez eux à l'*Auster*, ou au midi. Le

Boreas & *l'Aquilo*, qui quelquefois paroissent désigner la plage septentrionale du Monde, étoient plus précisément rangés entre le nord & le levant, tenant à peu près lieu d'un des quatre Vents appellés collatéraux. L'*Eurus*, ou *Vulturnus*, est de même en place intermédiaire du levant au midi. Le *Corus*, que les Grecs nommoient *Argestes*, répond à notre Maestral entre le nord & le couchant. Du couchant au midi, l'*Africus* est nommé *Libs* par les Grecs, chez qui l'Afrique étoit appelée Libye, & le nom actuel de Lebeche dans la navigation de la Méditerranée en dérive. Entre quelques vents particuliers à différentes contrées, je ne citerai que le *Circius* de la Gaule; nommé *Japyx* à l'extrémité de l'Italie, soufflant du nord-ouest, & qui est notre vent de *Cers*. Ce qu'il est assez commun de trouver dans les anciens sous le nom d'*Etesiæ*, ou de vents Etésiens, ne désigne pas proprement une plage du Monde, mais un vent régulier dans une saison, variant dans le point de l'horifon depuis le nord jufqu'au couchant.

Pour ce qui eft des Mefures itinéraires, aucune ne fe préfente plus fréquemment que le *Mille Romain*, qui compofé de 1000 pas, le pas de 5 pieds romains de longueur inférieure à celle du pied de Paris, s'évalue à 756 de nos toifes. L'emploi du *Stade* n'eft guère moins ordinaire; mais, dans l'ufage qu'on en a fait, une diftinction effentielle entre différentes longueurs de ftade, n'a point paru connue antérieurement en Géographie. Le ftade grec, qui faifoit la huitième partie du mille romain, avoit à la vérité prévalu fur d'autres mefures de ftade. Il falloit qu'une application févère & réitérée de diftances données en ftades à des efpaces correfpondans fur le local, fît connoître un ftade, qui ne fe compare qu'à un dixième du mille. Et un autre ftade qui paroît d'un ufage plus ancien, fe réduit même aux deux tiers de ce ftade inférieur au plus grand. Auffi voit-on trois verges fort inégales de stades dans l'échelle que porte la carte de l'ancien Monde. La Perse se servoit de la *Parasange*, dont la mesure a paru convenir à 30 des stades, dont le mille en renfermoit 10. L'Egypte employoit une mesure appellée *Schéne*, composée de 60 des stades les plus courts, & qui revenoit à 4 milles romains. La domination Romaine dans la Gaule avoit souffert, que dans nos provinces, à l'exception de la Narbonoise, la nation se servît d'une mesure qui lui étoit propre; sçavoir celle de *Leuca*, ou de lieue, qui n'étant alors égale qu'à 1500 pas romains, a pris le double de cette étendue, par conformité avec une mesure Germanique appellée *Rasta*, qui est devenue la lieue commune de France d'environ 25 au degré. Elle répond ainsi à trois milles romains, & un plus grand détail d'analyse ne conviendroit qu'à un traité particulier sur les mesures itinéraires.

Il est encore à propos dans ce préliminaire de jetter un coup d'œil sur les Mers en général. Toute l'étendue de celles qui enveloppent le continent de la Terre, étoit comprise sous le nom d'OCEAN. Dans cette étendue, la mer baignant les côtes de l'Afrique vers le couchant, & peu loin des lieux où s'éleve le Mont Atlas, a pris le nom de *Mare Atlanticum*, & ce nom de Mer Atlantique n'est pas encore hors d'usage en Géographie, dans laquelle cette région du couchant lui fait donner par les Arabes le nom de Mer Ténébreuse. Une autre grande partie de l'Océan, qui depuis la côte orientale de l'Afrique s'étend au midi du continent de l'Asie, & que nous appelons la Mer des Indes, se nommoit *Mare Erythræum*, ou Mer Rouge. Dans les climats reculés vers le nord, le nom de *Mare Pigrum*, ou de Mer sans mouvement, & autrement celui de *Mare Concretum*, ou de Mer Glacée, répond à la dénomination actuelle de Mer Glaciale. Le plus grand des golfes que forme l'Océan entre les continents de l'Europe & l'Afrique, & pénétrant jusques dans l'Asie, & dont la connoissance étoit plus familière que celle des autres Mers aux Auteurs de l'antiquité, n'est quelquefois désigné par eux qu'en l'appellant *Mare nostrum*, notre Mer. Le nom de Méditerranée n'étant usité que récemment, celui d'*Internum Mare*, de Mer intérieure, est plus conforme à une expression propre à l'antiquité. C'est à la description particulière des différentes contrées qu'il est réservé de faire connoître d'autres mers, & les plus considérables des golfes. On présume bien que les titres d'*Europa*, *Asia*, *Africa*, doivent faire une division principale en cet ouvrage. Sous chacun de ces titres seront renfermés ceux des régions dominantes en ces parties. Et ces régions éprouveront même des subdivisions, comme ayant séparément leurs parties principales.

EUROPA.

I. **HISPANIA.**
    Tarraconensis.
    Bætica.
    Lusitania.

II. **GALLIA.**
    Narbonensis.
    Lugdunensis.
    Aquitania.
    Belgica.

III. **BRITANNIA.**
    Hibernia.

IV. **GERMANIA.**
    Scandinavia.

V. RHÆTIA.
NORICUM.
PANNONIA.
ILLYRICUM.

VI. ITALIA.
GALLIA CISALPINA.
ITALIA.
SICILIA. CORSICA.
SARDINIA.

VII. GRÆCIA.
MACEDONIA.
GRÆCIA.
PELOPONNESUS.
CRETA & CYCLADES.

VIII. THRACIA.
MŒSIA.
DACIA.

IX. SARMATIA EUROPÆA.

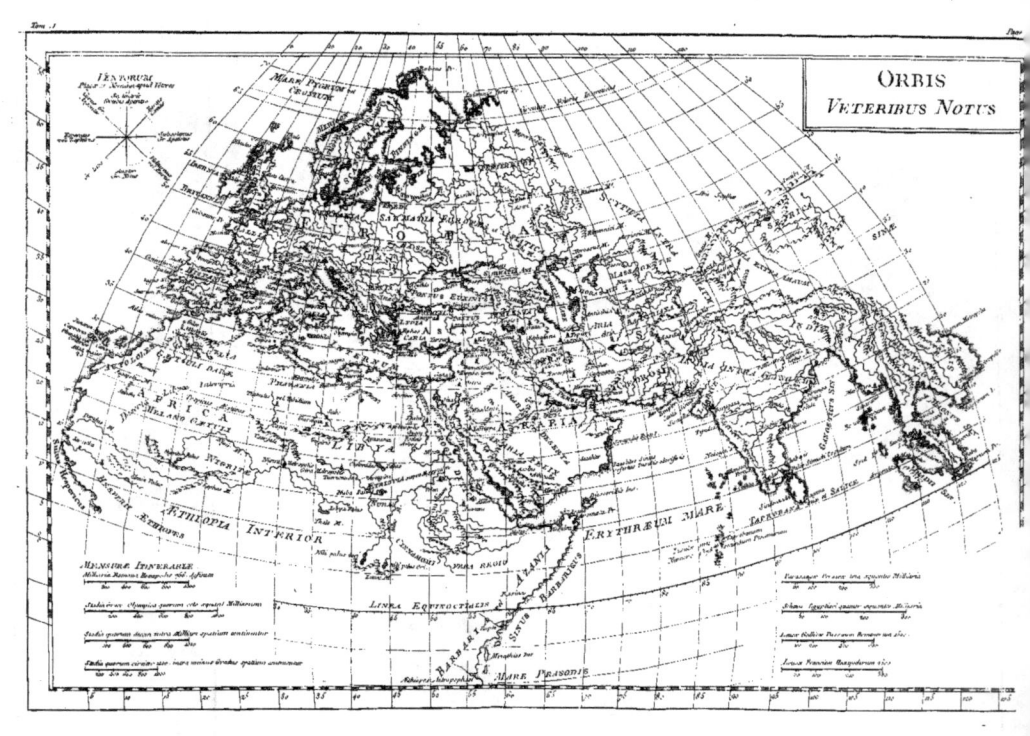

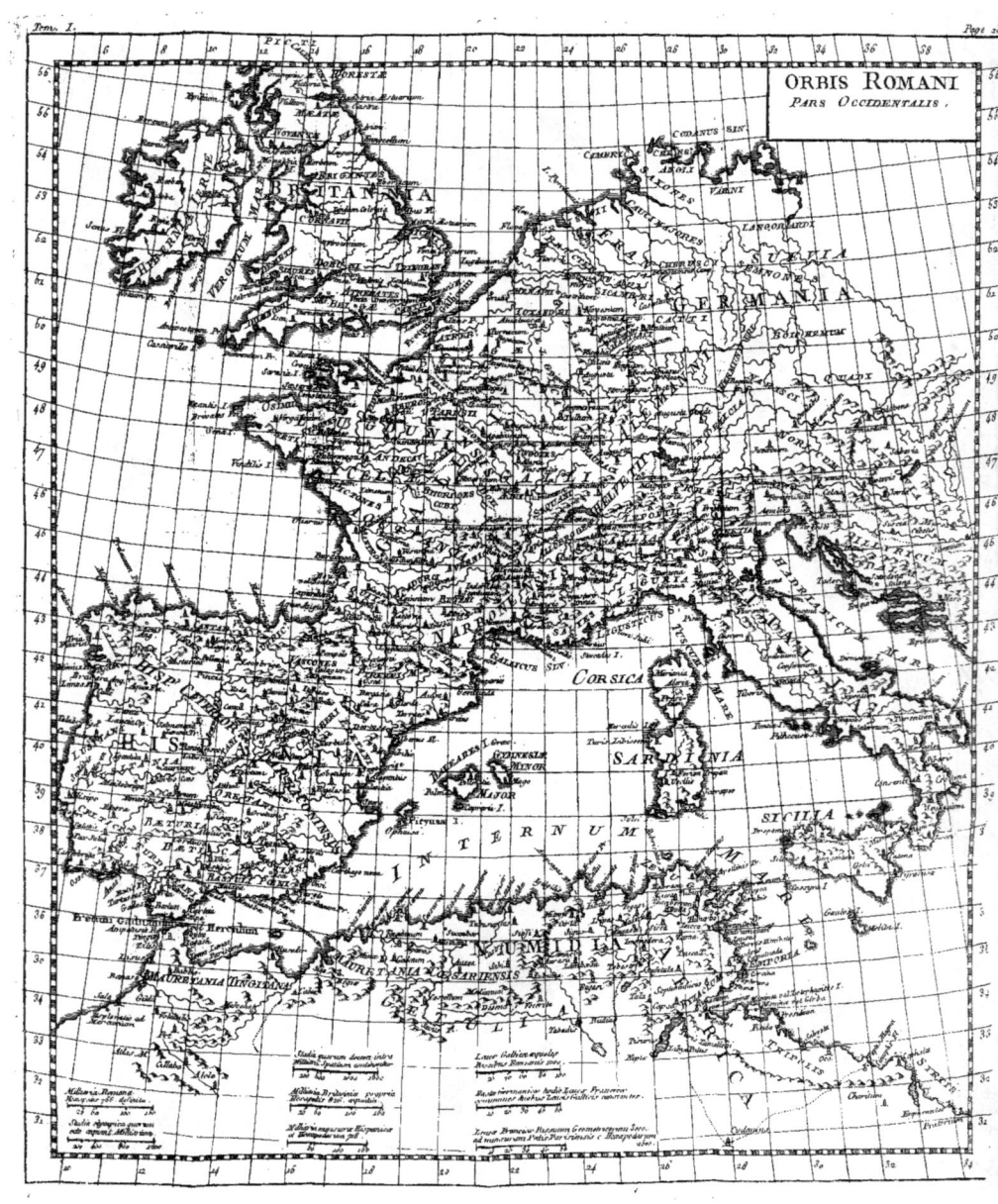

I.

HISPANIA.

En voulant procéder d'occident en orient, l'Espagne se présente la première dans notre continent de l'Europe. Elle est appelée *Iberia* par les Grecs, en tirant ce nom du fleuve *Iberus*, qui ayant son embouchure ouverte dans la Méditerranée, devoit être plus connu de la première antiquité que les autres grands fleuves d'Espagne, qui vont se perdre dans l'Océan. Une situation reculée vers le couchant a fait aussi donner à l'Espagne le nom d'*Hesperia*. Personne n'ignore, que presque enveloppée par la mer, elle est renfermée d'ailleurs par les Pyrénées, qui la séparent de la Gaule. *Iberus*, l'Ebre, est le plus septentrional de ses fleuves. *Durius*, le Duero, ou selon les Portugais Doiro, & *Tagus*, le Tage, qui traverse le milieu de ce continent, dirigent l'un & l'autre leur cours presque parallélement vers le couchant. Dans la partie méridionale, *Anas*, ou Guadi-Ana, & *Bætis*, qui sous la domination des Maures en Espagne, a pris le nom de Guadi-al-Kibir, ou de Grand-fleuve, courent plus obliquement de l'orient vers le midi. *Sucro*, ou le Xucar, qui se perd dans la Méditerranée, & *Minius*, ou le Minho (qui doit se prononcer Migno) ayant son embouchure dans l'Océan plus au nord que Durius, peuvent encore être cités, en omettant actuellement d'autres rivières que le détail qui doit suivre fera connoître. Entre les montagnes dont l'antiquité fait mention en Espagne, le nom d'*Idubeda* s'étend à une longue chaîne, qui du pays des Cantabres vers le nord, continue vers le midi jusque chez les Celtibères. *Orospeda* est un cercle de montagnes, qui enveloppe les sources du *Bætis*. Ce qu'on nomme aujourd'hui Sierra Morena, entre la Castille & l'Andaloufie, tire ce nom de celui de *Marianus mons*. Ce continent formant plufieurs promontoires, on peut en diftinguer trois principaux : *Charidemum* fur la Méditerranée, aujourd'hui Cap de Gata ; *Sacrum*, & *Artabrum* ou *Nerium*, fur l'Océan, dont le premier a pris le nom de Saint Vincent, & l'autre eft le Finifterre. Voilà ce que le local offre de circonftances plus remarquables.

Les Romains, après avoir difputé aux Carthaginois la domination en Efpagne, & foumis enfuite par des guerres de longue durée des Nations Efpagnoles qui fe refufoient à l'obéiffance, diviferent la totalité du pays en deux Provinces diftinguées par le nom de *Citerior* & d'*Ulterior*. Sous Augufte, la Province Ultérieure en forma deux ; l'une appelée *Bætica*, l'autre *Lufitania* ; & la Citérieure fut appellée *Tarraconenfis*, du nom de *Tarraco*, qui étoit métropole. Cette Tarraconoife occupoit toute la partie feptentrionale, depuis le pied des Pyrénées, jusqu'à l'embouchure du fleuve Durius, où se terminoit la Lusitanie, & l'orientale presque entière, jusqu'aux confins de la Bétique. Celle-ci tirant son nom du fleuve Bætis, qui la traversoit dans sa longueur, bordoit du nord au couchant la rive du fleuve Anas, par lequel elle étoit séparée de la Lusitanie : & cette dernière s'étendoit ensuite sur l'Océan entre l'embouchure de l'Anas & le Durius. Il faut regarder cette division de l'Espagne comme ce qui convient à un état principal & dominant dans l'ancienne Géographie. Ce n'est que dans un tems postérieur, & lorsque le nombre des Provinces fut multiplié, en diminuant l'étendue des primitives, ce qui se rapporte au siècle de Dioclétien & de Constantin, que de la Tarraconoise, qui occupoit plus de la moitié de l'Espagne, furent démembrées deux nouvelles Provinces ; l'une vers les limites de la Bétique, & adjacente à la Méditerranée, & que la ville de *Carthago nova* fit nommer *Carthaginensis* ; l'autre sur l'Océan, au nord de la Lusitanie, & à laquelle la nation des *Callaici* ou *Callæci*, dans l'angle de l'Espagne qui s'avance vers le nord-ouest, fit donner le nom de *Callæcia*, qui subsiste dans celui de la Galice. Indépendamment de cette distinction des Provinces, l'Espagne sous le Gouvernement Romain se trouve partagée en Jurisdictions, appellées *Conventus*, & on en compte quatorze, formées chacune de l'union de plusieurs villes, qui tenoient leurs assises dans une ville principale de chaque district. Décrivons maintenant chacune des Provinces en particulier.

TARRACONENSIS.

A la descente des Pyrénées, le pays qui répond à la Catalogne d'aujourd'hui renferme plusieurs peuples, dont on peut voir les noms & l'emplacement dans la partie occidentale du Monde Romain.

On citera les *Ceretani*, parce qu'ils ont donné le nom à ce qu'on appelle la Cerdagne. Une ville fondée fur la côte par les Marfeillois fous le nom d'*Emporiæ*, eft la première qui fe préfente, entre celles dont on croit devoir faire ici mention préférablement à plufieurs autres. Un mur dans cette ville y féparoit l'habitation des *Indigetes*, naturels du pays, d'avec les Grecs étrangers. Le lieu eft connu par le nom d'Ampurias, & les environs fe diftinguent fpécialement par celui d'Ampurdan, dérivé de *Pagus Emporitanus*. *Gerunda*, Girone, eft aujourd'hui une place de confidération en ce canton. *Aufa*, qui donnoit le nom à un peuple, eft Vic de Ofona, vulgairement Vique. *Barcino*, qui fous le nom actuel de Barcelone, eft la ville dominante, cédoit cet avantage à *Tarraco*, ou Tarragone, qui a confervé la dignité de métropole dans le gouvernement Eccléfiaftique. Une rivière que reçoit la mer près de Barcelone, tire fon nom de Lobregat de celui de *Rubricatus*. *Dertosa*, un peu au-dessus de l'embouchure de l'Ebre, est connue sous le nom de Tortose. Dans les terres, les *Ilergetes*, à la rive droite du *Sicoris*, ou de la Segre, qui se rend dans l'Ebre, tenoient *Ilerda*, qu'une expédition de César a illustrée, & qui est encore une importante place sous le nom de Lerida. *Bergusia* prend sa place de Balaguer, plus haut sur le même fleuve. En sortant des bornes de la Catalogne, il faut dans le nord de l'Aragon citer *Osca*, ou Huesca, & la ville des *Iaccetani*, ou Jaca, au pied des Pyrénées. Une grande nation, dont le nom en passant les montagnes, est devenu propre à une province de l'ancienne Gaule, les *Vascones* occupoient ce qui postérieurement s'est appelé la Navarre. *Pompelo*, ou Pamplune, à la descente des Pyrénées, *Calagurris*, ou Calahorra, sur la rive méridionale de l'Ebre, étoient leurs villes principales. Vers les sources de l'Ebre, & en atteignant le rivage de l'Océan, les *Cantabri*, divisés en plusieurs peuples ou cantons, & qui défendirent long-tems leur liberté (*), s'étendoient dans la Biscaye, & dans une partie des Asturies. On juge de leur ancienne férocité, par ce qui est dit d'un peuple faisant partie de la nation sous le nom de *Concani*, d'avoir pour délice de boire du sang de cheval. Une ville située au pied des montagnes où l'Ebre prend sa source, fut appellée *Juliobriga*. Les opinions sont partagées sur le lieu d'une ville maritime nommée *Flaviobriga*. Cette terminaison de *briga*, répétée dans bien des noms de lieu en Espagne, désignoit une ville dans la langue du pays.

Aux Cantabres vers le couchant étoient contigus les *Astures*, qui se signalerent par leur résistance à subir le joug. En les faisant descendre des montagnes dans un pays de plaine, une ville fut fondée sous le nom d'*Asturica Augusta*, qui se conserve dans celui d'Astorga. Une colonie établie en ce canton, & nommée *Legio septima gemina*, est l'origine de la ville de

(*) *Cantaber sera domitus catenâ.* Horace.

Leon. Une des principales chez cette nation, & nommée *Lancia*, en étoit peu éloignée. On ne peut se dispenser de dire, que par le peu de connoissance où l'Espagne nous laisse jusqu'à présent sur le local du Royaume de Leon & de la Vieille-Castille, on est privé en cette partie de toute lumière, pour retrouver différentes places, qui dans l'Histoire, indépendamment des monumens géographiques, sont citées de manière à faire desirer d'en connoître la position. La capitale actuelle des Asturies, Oviédo, remplace en dignité, si ce n'est pas en situation précisément, une ancienne ville appellée *Lucus Asturum*. Le canton des *Pæsici* étoit une péninsule, ou ce coin de terre que termine le cap nommé Peñas de Puçon, & *Flavionavia* étoit leur ville. Enfin, les *Callaïci* terminoient cette bande septentrionale que nous parcourons dans la Tarraconoise. On y voit deux villes dominantes, & l'une & l'autre chef-lieu d'un *Conventus* particulier, Bra-

cara Augusta, ou Braga, & *Lucus Augusti*, ou Lugo. Le promontoire remarquable, comme étant la terre du continent de l'Espagne la plus élevée vers le nord, paroît dans l'antiquité sous le nom de *Trileucum*, que remplace actuellement celui d'Ortiguera, ou selon l'usage vulgaire Ortegal. Il a été parlé précédemment de l'*Artabrum*, plus remarquable encore en répondant au Finisterre. Dans l'intervalle de ces promontoires, le *Magnus portus* semble convenir à la Corogne, & *Brigantium* se rapporter à Betanços. Une ville nommée *Iria Flavia*, paroît avoir existé dans le lieu actuellement nommé Padron. Entre plusieurs lieux distingués par des eaux minérales, *Aquæ Origines*, & *Aquæ Flaviæ*, sont Caldas d'Orense, & Chavés. *Tyde* est Tui, peu au-dessus de l'embouchure du Minho. Entre Minho & Doiro, un petit fleuve nommé *Limius*, aujourd'hui Lima, étoit aussi appellé *Lethe* & fleuve d'oubli dans l'antiquité. Sur le Doiro, près de son embouchure, *Calle*, appelé actuellement Porto, est remarquable, en ce que de la jonction de ces noms, Porto & Calle, s'est formé celui du Portugal, limité primitivement à l'étendue d'un Comté, dont un Prince sorti de la Maison de France fut investi par un Roi de Leon.

Le cours du fleuve Durius en le remontant, nous fait trouver la nation des *Vaccæi*, & celle des *Arevaci*. Entre les villes dont l'antiquité fait mention dans la première, qui étoit contiguë aux Astures, *Pallantia* est la position qui se fait le mieux connoître dans le nom existant de Palencia. Une rivière qui traverse ce canton du nord au midi, a tiré du nom de *Pisoraca* (donné par une inscription) celui de Pisuerga. On n'est point trop assuré, que la situation de Valladolid, vers le bas de cette rivière, réponde précisément à celui d'une ville ancienne nommée *Pintia*. Simancas qui n'en est pas loin, tire son nom de *Septimanca*. Les *Arevaci*, devant celui qui les distingue à une rivière nommée *Areva*, qui tombe dans le Duero sur la rive méridionale, occupoient un territoire partagé entre les deux côtés de ce fleuve. La plus considérable de leurs villes, à en juger par la prérogative de chef-lieu d'un *Conventus*, étoit *Clunia*, dont il subsiste des vestiges sous le nom de Corugna, à quelque distance au nord du fleuve, un peu au-dessus d'Aranda. Il ne sauroit être mention de la ville qui tient aujourd'hui le premier rang dans la Vieille-Castille, parce que Burgos n'a commencé à paroître que sous les comtes qui ont précédé les rois en Castille. *Rauda* & *Uxama*, sont Roa & Osma. Mais en remontant plus haut, *Numantia* s'est illustrée plus que toute autre ville, par une résistance de quatorze ans à de grandes armées Romaines. Un historien, Espagnol de nation (*), qui l'appelle *Hispaniæ decus*, l'honneur de l'Espagne, en attribue la défense aux Celtibères; & une nation

(*) *Florus*.

sous le nom de *Pelendones*, vers les sources du fleuve Durius, est mentionnée comme Celtibérienne. C'est près de ce fleuve, peu loin de son origine, & au-dessus de la ville de Soria, qu'on a reconnu l'emplacement qu'occupoit Numance. Quoique détruite de fond en comble par Scipion Emilien, il faut croire, puisqu'il en est mention comme existante plusieurs siécles après, qu'une nouvelle ville y avoit été construite. *Termes*, alliée de Numance, conserve le nom de Tiermés, sans population. Dans la partie ultérieure du territoire des Arevaques, *Cauca* & *Segovia* conservent leur nom. On trouve *Segontia*, aujourd'hui Siguenza, à l'entrée de la Nouvelle Castille, comme étant du même peuple. Une des plus puissantes nations de l'Espagne, & qui soutint long-tems la guerre contre les Romains, les *Celtiberi*, chez qui on remarque un nom d'origine joint à celui du pays où ils étoient venus s'éta-

B

blir (*), s'étendoient depuis la rive droite ou méridionale de l'Ebre, fort avant dans l'intérieur de la Tarraconoise. Au centre de la contrée, une de leurs villes principales nommée *Ergavica*, existoit entre des montagnes, près de la petite rivière de Guadiela, que reçoit le Tage vers le haut de son cours. En s'approchant de l'Ebre, *Bilbilis*, près d'une rivière nommée *Salo*, aujourd'hui Xalon, & patrie du poëte Martial, ne se connoît plus que par le nom de Baubola, dans le voisinage d'une ville nouvelle, & construite par les Maures, qui est Calatayud. *Turiaso* existe encore dans Taraçona, *Cascantum* dans Cascante, qui n'en est pas loin. Vers la partie méridionale de la Celtibérie, la position d'une colonie nommée *Valeria*, se retrouve dans le nom de Valera, que conserve un petit lieu dans le canton de la Nouvelle-Castille, qui est appellé la Manche; & le nom actuel d'Iniesta en ce même canton, répond

(*) *Celtæ miscentes nomen Iberis.*

également à celui d'*Egelesta*. *Lobetum*, qui paroît avoir eu son territoire particulier, entre les Celtibères & la nation dont on va parler, conviendroit au district de Requena.

A côté des Celtibères, les *Edetani* s'étendoient depuis l'Ebre jusqu'au fleuve *Sucro*, ou Xucar. *Cæsaraugusta*, Saragoce, chef-lieu d'un *Conventus*, & qui se nommoit auparavant *Salduba*, étoit à l'extrémité septentrionale de ce grand territoire. *Celsa*, qui plus bas avoit un pont sur l'Ebre, est connue par le nom de Xelsa. A l'extrémité opposée ou méridionale, on distingue *Saguntus* & *Valentia*. Sagunte, détruite par Annibal, rétablie par les Romains, conserve des vestiges dans un lieu, dont le nom actuel de Murviedro vient du latin *muri veteres*, les vieux murs. La rivière qui passe à Valence, nommée autrefois *Turia*, a pris sous la domination des Maures le nom de Guadalaviar. Une ville notable du Royaume de Valence, rappelle

B ij

dans le nom de Ségorbe celui de *Sego-briga*, dont il est mention dans le détail des villes du *Conventus Carthaginensis*, en ajoutant que c'est la capitale de la Celtibérie, ce qu'on n'admettra aisément à l'égard de Ségorbe, qu'en supposant que les Celtibères dans un état primitif de puissance pouvoient dominer sur les *Edetani*. Ce nom d'*Edetani* paroîtroit dériver d'une ville nommée *Edeta*, qu'un autre nom qu'elle portoit, savoir *Leria*, nous fait connoître, parce qu'il subsiste dans un lieu situé à la hauteur de Sagunte, & peu loin de Valence. Le nom de Teruel fait connoître la position de *Turbula*. Dans une partie maritime, & vers les bouches de l'Ebre, étoient les *Ilercaones*, ausquels *Dertosa* est attribuée. Une ville en ce canton, nommée *Indibilis*, prendroit la position d'un lieu dont le nom est Xert, dans la direction d'une ancienne voie de Tortose à Sagunte. Sur la côte, on remarque que la dénomination greque de *Chersonesus*, subsiste dans celle de Penifcola, tirée du latin *Peninfula*.

Mais il faut actuellement revenir par la Celtibérie, pour entrer chez les *Carpetani*, que les Celtibères avoient derrière eux, dans le centre du continent de l'Efpagne. *Toletum*, Tolède, étoit leur ville principale. Ce n'eft que par conjecture qu'on a appliqué à Madrid, qui eft une ville nouvelle, le nom de *Mantua*, que l'on trouve dans l'antiquité entre les villes de cette nation. On convient de rapporter à Alcala, dont le nom eft Arabe, le *Complutum* du même territoire. *Contrebia*, dont il eft mention dans l'hiftoire, a laiffé des veftiges dans un lieu nommé Santavert. C'eft par eftime que les *Olcades*, & leur ville *Altæa*, font placés aux environs d'Ocaña. On croit voir le nom de *Libora* dans celui de Talavera fur le Tage. *Confaburus* eft en pofition évidente dans Confuegra. Vers les fources de l'Anas, & dans une partie de l'Orofpeda, étoient les *Oretani*, qui tiroient leur nom d'une ville nommée

Oretum, dont on a déterré pour ainsi dire l'emplacement dans un très-petit lieu, auquel le nom d'Oreto est resté. On peut dire qu'ils s'étendoient aussi dans la Bétique, en possédant *Castulo* sur le Bætis. *Laminium*, qui étoit placé peu loin de la source de l'Anas, devoit entrer dans leur territoire, plutôt que d'appartenir aux *Carpetani*; & on retrouve *Libisosa* dans Lesuza. En poussant ensuite jusqu'à la mer, les *Contestani* occupoient ce qui fait aujourd'hui la partie méridionale du Royaume de Valence, & le Royaume de Murcie. *Carthago nova*, Carthagène, que l'avantage d'avoir un beau port, & celle de sa situation pour être une entrée toujours ouverte en Espagne, fit construire par les Carthaginois, auxquels elle fut enlevée par le plus illustre des Scipions, étoit bien la ville principale en ce canton. *Sætabis* est Xativa, sur une petite rivière qui tombe dans le Xucar. *Dianium*, ville maritime, & qui communiquoit son nom à un promontoire voisin, conserve ce nom dans celui de Denia. *Lucentum* a subsisté sous le nom de Licant, qui selon l'usage actuel est Alicante. *Ilicis* est Elche, *Orcelis* Orihuela. On applique *Vergilia* à la position de Murcie, quoiqu'il ne soit mention de cette ville que depuis l'invasion des Maures. Cette bande de terre maritime étoit appelée *Spartarius campus*, d'une espece de joncs qui y croît en abondance. Un autre peuple, les *Bastitani*, s'étendoient dans cette extrémité de la Tarraconoise: Ils paroissent même y avoir été compris, quoique d'un autre côté placés sur les sources du Bætis, cette circonstance les établisse naturellement dans la Bétique, où il sera question d'en faire mention particulièrement. *Ilorcis*, ou Lorca, se range dans ce territoire.

Mais, avant que de s'engager dans les limites de la Bétique, il faut parler des isles adjacentes à la Tarraconoise, & qui dans l'augmentation du nombre des provinces, tinrent lieu d'une province en particulier. Le nom de *Baleares*, ou celui de *Gymnesiæ* selon les Grecs, ne s'étendoit qu'aux deux isles *Major* & *Minor*, Maillorque & Minorque. Elles étoient occupées par des Phéniciens avant que les Romains en fissent la conquête, & on sait que les habitans de ces isles étoient fort distingués par leur habileté à se servir de la fronde. La ville principale de la première conserve le nom de *Palma*. La position qu'occupoit une autre ville nommée *Pollentia*, est connue près d'une ville construite par les Maures sous le nom d'Alcudia. Quant à Minorque, le nom qu'un général Carthaginois avoit donné au *Portus Magonis*, est peu altéré dans celui de Port-Mahon. *Ebusus*, ou Iviça, & *Ophiusa*, ou Serpentaire, qui est Formentera, presque adhérante à Ivice, étoient séparément des Baleares, appellées en Grec *Pityusæ*, ou isles des Pins.

※

BÆTICA.

Cette Province, qui comme nous l'avons dit précédemment, traversée par le fleuve *Bætis* en tiroit son nom, se distinguoit des autres provinces de l'Espagne par les richesses de son fond, & par sa fertilité. Le nombre des villes qu'elle contenoit, & dans des limites assez étroites, quatre districts de Jurisdictions ou *Conventus*, sont des témoignages d'abondance & de population. Elle fut aussi la première connue, par les avantages que les Phéniciens y trouverent pour leur commerce. Son étendue répond assez précisément à la partie de l'Espagne reculée vers le midi, & qui a pris le nom d'Andalusie, dérivé de *Vandalitia*, que les Vandales avant que d'être contraints par les Goths de passer en Afrique, laisserent à cette contrée. Entre les peuples qu'elle renfermoit, les *Turdetani* occupoient le plus grand espace, en remontant de la mer sur les rives du *Bætis*.

Au-dessus d'eux étoient les *Turduli* ; & le canton auquel le fleuve doit son origine, appartenoit aux *Bastitani*, qui paroissent enlevés à la Bétique ainsi proprement dite, si on les donne à la Tarraconoise. Le long de la mer, en dedans du *Fretum* ou détroit, qui sépare l'Espagne d'avec l'Afrique, étoient les *Bastuli*, surnommés *Pœni*, d'un nom propre à la nation Phénicienne en général, comme il est appliqué à la Carthaginoise en particulier. Un canton écarté de la mer, & bordant la rive gauche du fleuve Anas, étoit distingué par le nom de *Bœturia*, sans être propre à une nation particulière.

Pour entrer dans un plus grand détail, suivons le cours du fleuve, depuis sa source dans le *Saltus Tugiensis*, qu'un lieu nommé *Tugia*, aujourd'hui Toia, faisoit ainsi appeler. *Basti*, qu'on peut croire avoir donné le nom aux *Bastitani*, est Baza. *Acci* conservoit son nom sous les Maures en celui de Guadi-Acci, duquel s'est formé le nom actuel de Guadix. Un petit lieu appellé *Cazlona*, sur la rive droite du Bætis, nous fait connoître *Castulo*, qui étoit une place de considération. Un peu plus bas, *Illiturgi* avoit sa position près d'Andujar. *Corduba*, en suivant toujours la même rive, chef-lieu d'un *Conventus*, & qui devoit sa fondation aux Romains, ne cédoit en grandeur à aucune autre dans la Bétique; & on sait que Cordoue a servi depuis de résidence aux grands Emirs des Maures, qui avoient conquis l'Espagne sur les Goths. Cette ville tire une autre illustration d'avoir produit les deux Séneques & Lucain. A quelque distance de la gauche du Bætis, sur le fleuve *Singilis*, aujourd'hui Xenil, *Astigis*, ville principale d'un *Conventus*, subsiste dans Ecija. *Urso* est Ossuna, & en approchant de Séville, *Carmona* n'a rien de changé dans son nom. *Hispalis*, ayant la même dignité dans un *Conventus*, n'a conservé ce nom qu'avec altération dans celui de Séville; & il faut en même temps parler de l'ancienne position d'*Italica*, patrie de l'Empereur Trajan, dans le lieu qu'on nomme Sevilla la Vieja, à environ une lieue en remontant sur la rive opposée. Au-dessous de Séville, le Bætis auquel on ne connoît actuellement qu'une seule embouchure, se divisoit en deux bras jusqu'à la mer, embrassant une isle, qui dans la haute antiquité étoit célebre sous le nom de *Tartessus*. *Nebrissa*, aujourd'hui Lebrixa, & *Asta*, surnommée *Regia*, dont il ne reste que le nom sur le terrain qu'elle occupoit, étoient adjacentes au bras du Bætis qui n'existe plus. En rangeant la côte au couchant du Bætis, *Onoba* répond à Moguer; & du nom d'*Ilipula* s'est formé celui de Niebla, dont la position est au-dessus dans les terres. On auroit un grand nombre de lieux à citer dans la Bétique en général d'après l'antiquité. Mais, nous ferons mention de *Sisapo*, que l'on peut présumer avoir été compris dans les limites de la Béturie, & recommandable par ses mines, qui sont de *minium*, ou de vermillon; & ce lieu se fait assez connoître par le nom actuel d'Almaden, qu'il a reçu des Maures, Maaden en langue arabe étant le terme propre à désigner des mines.

Il faut pour terminer ce qui concerne la Bétique, suivre la côte, qui en s'éloignant de l'embouchure du Bætis, & après avoir fait un des côtés du *Fretum Gaditanum*, borde la Méditerranée. *Gadir* ou *Gades* devoit sa fondation aux Tyriens, dans une isle de peu d'étendue, mais jointe par une chaussée à une plus grande isle, que sépare de la terre ferme un canal semblable à celui d'une rivière, & à l'ouverture duquel dans la mer, un monticule isolé portoit un temple consacré à Hercule, la grande divinité du peuple fondateur de cette ville de Cadiz. Sa position sur l'Océan au-delà du détroit, & un des plus beaux ports que l'on connoisse, étoient de trop grands avantages pour ne pas faire une ville de grande considération, qui prit de nouveaux accroissemens sous la domination Romaine, & fut le chef-lieu d'un *Conventus*. Sur le détroit, la position de *Bælon*, où l'on s'embarquoit ordinairement pour passer à Tingis en Afrique, se fait connoître par le nom de Balonia, quoique le lieu soit aujourd'hui sans habitation. On sçait qu'à l'issue du *Fretum* pour entrer dans la Méditerranée, s'élevent deux montagnes en opposition l'une à l'égard de l'autre, *Calpe* en Europe, *Abila* en Afrique, & que ces montagnes ont représenté les colomnes d'Hercule, au travail duquel les fables de l'antiquité attribuoient l'ouverture du détroit qui donnoit entrée dans l'Océan. On sçait encore que *Calpe* est le Gebel Tarik, ainsi nommé par les Maures, & qui par l'altération de ce nom est aujourd'hui Gibraltar. Au fond d'un golfe que cette montagne couvre au levant, il existoit autrefois une ville nommée *Carteia*, avec laquelle paroît se confondre celle dont l'antiquité fait aussi mention sous le nom de *Calpe*. En s'approchant de *Málaca*, ou Malaga, mais à quelque distance de la mer, *Munda*, qu'une victoire remportée par César a illustrée, conserve son nom ; & le nom actuel d'Antequera pareillement dans les terres, rappelle celui d'*Anticaria* sur une voie Romaine. Des inscriptions qui y ont été trouvées feroient croire que c'étoit un lieu dépendant de *Singilis*, ville de même nom qu'un fleuve, & qu'on croit avoir existé sur ce fleuve, qui est le Xenil, dans le lieu actuel de Puente de Don-Gonzalo. La ville principale dans l'intérieur de ce canton, qui répond au royaume de Grenade, étoit *Eliberis*, dont une montagne voisine a conservé le nom, en s'appellant Sierra Elbira. Quant à la ville de Grenade, qui est peu distante, c'est aux Maures qu'elle doit sa fondation & son état. Des villes qui étoient maritimes, *Menoba*, *Salambina*, *Abdera*, sont nonobstant l'altération de leur nom, Almuñecar, Salobreña, Adra. Le nom actuel d'Almeria, dont la forme du tems des Maures a été Merja ou al-Merja, remplace l'ancienne dénomination de *Murgis*. Enfin, sur les limites communes de la Bétique & de la Tarraconoise, on connoit les vestiges d'une ville qui se nommoit *Urci*, peu loin de Vera près de la mer.

LUSITANIA.

Dans la division générale de l'Espagne en provinces, on a vu que celle dont il nous reste à parler dans le détail, s'étend du fleuve Anas au Durius, en bordant le rivage de l'Océan. Le Tage qui coupe cette étendue de pays par le milieu, séparoit deux grandes nations. Celle des *Lusitani*, dont le nom fit celui de la province entière, occupoit ce qui est au nord du Tage; & dans un premier état, n'étant point bornée par le Durius, elle empiétoit sur le territoire qui dans l'extension donnée à la Tarraconoise, a été celui des *Callaici*. Le joug de la domination romaine fut un avantage pour cette nation Lusitanique, dont il est parlé comme vivant de brigandage sur ses voisins, avant que de se voir obligée de s'appliquer à la culture des terres. On connoit assez *Olisipo* dans la position de Lisbone, en reléguant au pays des fables l'application de ce nom à celui d'Ulisse. De deux promontoires qui embrassent le golfe dans lequel le Tage vient se rendre, le plus avancé en mer, & qui dans le continent de l'Europe est le point de terre le plus occidental, sous le nom de Roca de Sintra, étoit appelé *Magnum promontorium*. En remontant le Tage sur la même rive que Lisbone, *Scalabis*, ville distinguée en qualité de chef-lieu d'un des trois *Conventus* qui partageoient la Lusitanie, a pris le nom de Sainte Irène, dont l'usage vulgaire a fait Santarem. Il faut dire en passant, qu'un lieu situé vis-à-vis sur l'autre rive du Tage, & dont le nom est al-Merim, paroît être celui de *Moron*, dont un général Romain qui soumit les Lusitains, avoit fait sa place d'armes. En montant vers le nord, une ville célebre en Portugal par son Université, Coimbre est *Conimbriga*, & le fleuve nommé *Monda* dans l'antiquité, est le Mondego qui passe à Coimbre. *Talabriga* prend la position actuelle de Torocas, sur une petite rivière dont le nom de *Vacua* est aujourd'hui Vouga. Il faut dire de *Lama*, qu'on est tenté par la ressemblance du nom, de lui donner la position de Lamego, en remarquant néanmoins que cette ville est attribuée par Ptolémée à une autre nation que celle des Lusitains, & dont nous allons parler. Si on s'éloigne de la mer, plusieurs villes dont on peut faire mention, se rencontrent sur des limites indéterminées entre la nation qui a donné le nom à la Lusitanie, & une autre grande nation, les *Vettones*, que comprenoit la même province, & dont le district s'est étendu depuis le Durius, en passant au-delà du Tage, jusqu'à l'Anas. On voit deux villes du nom de *Lancia*, l'une surnommée *Oppidana*, l'autre *Transcudana* à l'égard de la première, & ce dernier surnom étoit relatif à une petite rivière qui tombe dans le Durius, & nommée *Cuda*, aujourd'hui Coa. On estime que l'*Oppidana* conviendroit à la ville d'a-Guarda, & que Ciudad-Rodrigo remplaceroit la *Transcudana*. Pour ce qui est d'une autre ville nommée *Igædita*, au territoire de laquelle on est informé que le territoire de la première *Lancia* confinoit, on sçait que c'est l'Idanha, que le surnom de velha distingue d'une Idanha nova. Sur la frontière de la nation des Arevaques, dont il a été parlé dans la Tarraconoise, *Salmantica* est une position bien connue dans celle de Salamanque. *Banienses* & *Caurium* se retrouvent dans Baños & Coria. Mais, il faut parler de *Norba Cæsarea*, qu'une opinion assez générale rapporte à la position d'Alcantara. Un pont sur le Tage, & dédié par plusieurs villes à l'Empereur Trajan, a donné lieu du tems des Maures à cette dénomination moderne, *Cantar* dans la langue arabe étant le terme propre à désigner un pont. En s'éloignant du Tage, on rencontre *Castra Cæcilia* dans l'emplacement de Cacerés. Sur la rive du fleuve Anas, par lequel la Lusitanie étoit séparée de la Béturie, partie de la Bétique, *Emerita Augusta*, colonie de soldats émérites ou vétérans, fondée par Auguste, chef-lieu d'un *Conventus*, & résidence d'un propréteur gouvernant cette province, conserve son nom presque pur dans celui de Merida. La nation des *Turduli*, que l'on a vue établie dans la Bétique, s'étendoit jusque-là, avant que cette ville paroisse attribuée aux *Vettones*. Une autre colonie, en remontant un peu plus haut, *Metallinum*, se fait assez connoître dans le nom actuel de Medellin.

Il nous reste à parler de la partie méridionale de la Lusitanie, bordant le rivage de l'Océan entre le Tage & l'Anas. Elle étoit occupée par les *Celtici*, qui paroissent même avoir quelques possessions sur la rive ultérieure de l'Anas. On peut ajouter, qu'une partie détachée de cette nation s'étoit cantonnée fort au loin dans le voisinage du Finisterre, qui outre le nom d'*Artabrum* étoit aussi appelé *Celticum*. La principale des villes, à en juger par la dignité de chef-lieu d'un *Conventus*, en ce canton de la Lusitanie qui fait notre objet actuel, est *Pax Julia*, dont le nom altéré du tems des Maures en celui de Bakilia, est aujourd'hui méconnoissable dans Béja. Le nom d'*Ebora* est conservé dans Evora, au nord de Béja : & en s'élevant encore plus au nord, *Meidobriga* étoit une place voisine du mont *Herminius*, & dont il reste des vestiges sous le nom d'Armenha, tout près des limites que prend le Portugal. Mais, en tournant vers le midi, *Myrtilis* subsiste dans Mertola, sur le bord du Guadiana. Si l'on tend vers la côte, on reconnoît *Salacia* dans le nom d'Alcacerdo-sal, qui signifie le château de la Saline. Sur le bord de la mer, près de Setubal, étoit *Ceto-briga*, que l'on croiroit avoir tiré son nom des pescheries qui sont aux environs. L'extrémité du continent de l'Espagne en cette partie, qui forme un triangle assez aigu, étoit appelée d'un terme latin *Cuneus*, le coin; & c'est ce qui a pris le nom d'Algarve, qui vient des Maures, *Garb* en langue arabe désignant le couchant, & le nom de Garbino employé sur la Méditerranée pour un vent latéral du ponant vers le sud, en étant dérivé. L'opinion du vulgaire chez les anciens, que vis-à-vis du *Sacrum promontorium*, aujourd'hui Cap de Saint-Vincent, qui est la pointe de l'Algarve, le soleil terminant sa course se plongeoit dans la mer, faisoit distinguer particulièrement cette pointe de terre entre les plus avancées vers le couchant. Pour ce qui est des villes du *Cuneus*, *Lacobriga* existoit auprès de Lagos, *Ossonoba* près de Faro, & on estime que *Balsa* conviendroit à Tavira, que suit à peu de distance l'embouchure de l'Anas, terme de la Lusitanie. On connoît l'usage qui se fait du terme de *Lusitania* pour désigner le Portugal; & en effet, la plus grande partie de ce royaume s'y rapporte. Mais on peut remarquer, que le Portugal sortant d'un côté des limites de la Lusitanie par deux de ses provinces, qui sont au nord du Doiro, il ne comprend point d'un autre côté l'extension de la Lusitanie chez les Vettones, ensorte que Mérida, ville autrefois dominante en cette province Romaine, ne soit point une ville Portugaise.

II.

GALLIA.

La Gaule bornée par la mer depuis le nord jusqu'au couchant, n'étoit limitée du côté oriental que par le Rhin, dans toute l'étendue de son cours, en remontant jusque vers les sources de ce fleuve. La chaîne des Alpes succédoit jusqu'à la Méditerranée. Le bord de cette mer, & ensuite les Pyrénées, terminoient la partie méridionale. Selon ces limites, on pourra remarquer que la France ne remplit pas toute l'étendue de l'ancienne Gaule, du côté du Rhin & des Alpes. Il y a peu de pays qui soient aussi avantageusement coupés par des rivières. Et pour en donner quelque détail, à partir du Rhin que l'on vient de citer, *Mosella* se rend dans ce fleuve; & *Mosa*, la Meuse;

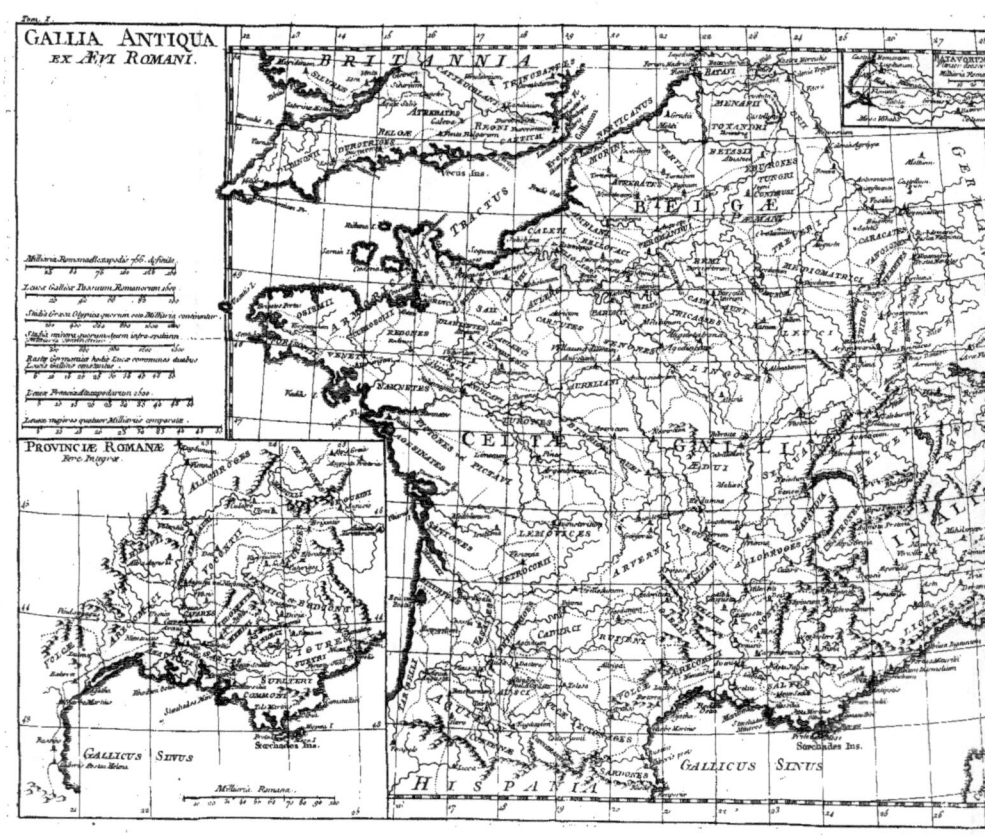

la Meuse, coulant vers le nord comme le Rhin, reçoit avant que d'arriver à la mer, un bras émané du fleuve sous le nom de *Vahalis. Scaldis*, l'Escaut, est lié vers son embouchure à celle de la Meuse. En quittant la partie septentrionale de la Gaule, *Sequana*, la Seine, dans laquelle entr'autres rivières, *Matrona*, la Marne, vient se rendre; & après un assez long intervalle, *Liger*, la Loire, courant au nord pour se replier vers le couchant, grossie par l'*Elaver*, ou l'Allier; ensuite *Garumna*, la Garonne, qui près de former une grande embouchure, reçoit le *Duranius*, ou la Dordogne; enfin, *Aturus*, ou l'Adour, près des Pyrénées, sont les rivières que l'on peut citer préférablement à d'autres, que la grande mer du couchant de la Gaule reçoit également. Du côté de la Méditerranée, *Rhodanus*, le Rhône, entraîne avec lui trois rivières qui sont à nommer, *Arar*, ou la Saône, *Isara*, l'Isere, *Druentia*, la Durance. Si l'antiquité connoît en

C

Gaule d'autres rivières moins considérables, ou que l'on s'abstient de citer actuellement, la description du pays dans le détail donnera occasion d'en indiquer quelques-unes. Pour ce qui est des montagnes dont on ait à faire mention, *Cebenna* conserve son nom dans celui des Cévennes, *Jura* n'en a point changé, & *Vogesus* est la Vosge. Des rameaux détachés de la cime principale des Alpes, & qui couvrent de grands espaces, ont communiqué le nom d'*Alpes* à des provinces particulières de la Gaule. Sur la côte qui borde la mer, le *Gobæum promontorium*, qui est le Finis-terre de la Bretagne, & l'*Itium* qui resserre le détroit appellé le Pas de Calais, sont ceux que nous fournit l'antiquité.

Trois grandes nations, *Celtæ*, *Belgæ*, *Aquitani*, distinguées par le langage comme par les coutumes, partageoient entre elles toute l'étendue de la Gaule : mais d'une manière fort inégale. Les Celtes en occupoient plus de la moitié, depuis la Seine & la Marne, jusqu'à la Garonne, s'étendant au levant jusqu'au Rhin vers la partie supérieure de son cours, & au midi jusqu'à la Méditerranée. Ils étoient aussi plus Gaulois que les autres. Car, les Belges reculés vers le nord, & bordant la partie inférieure du Rhin, étoient mêlés de nations Germaniques; & les Aquitains resserrés entre la Garonne & les Pyrénées, avoient quelque affinité avec les nations Ibériennes ou Espagnoles voisines de ces montagnes. Il faut dire encore, que le nom de *Celtæ* & de *Celtica* s'étendoit à la Gaule en général, & qu'étant celui que se donnoit la nation même, c'est des Romains que venoit l'usage de la dénomination de *Galli* & de *Gallia*. La politique de Rome, d'avoir des alliés hors des limites de ce qui lui obéissoit, & le prétexte de secourir la ville de Marseille & le peuple Eduen, firent entrer les armes Romaines dans la Gaule, six vingt ans avant l'Ere chrétienne. Cette première tentative mit Rome en possession d'une province, qui

C ij

bordant la rive gauche du Rhône jusqu'à la mer, s'étendoit de l'autre côté jusqu'aux Cévennes, & le long de la mer jusqu'aux Pyrénées. Elle ne fut d'abord distinguée que par le terme générique de *Provincia*, si ce n'est que l'usage d'un vêtement qui habilloit les cuisses la faisoit aussi nommer *Braccata*, en même tems que le nom de *Comata* étoit donné à la Celtique, parce que les peuples y portoient la chevelure dans toute sa longueur. Ce qui restoit de beaucoup plus grande étendue dans la Gaule, étoit une conquête réservée à César, soixante & quelques années après la précédente. Les limites entre les nations étoient alors celles que nous avons rapportées.

Mais, Auguste tenant les Etats de la Gaule, l'an 27 avant l'Ere chrétienne, fit un nouveau partage en provinces, avec plus d'égalité entre elles qu'il n'y en avoit entre les nations. Ce fut en prenant sur la Celtique, qu'une province sous le nom d'*Aquitania*, n'étant point bornée par la

Garonne, s'étendit jusqu'à l'embouchure de la Loire. Ce que la Celtique avoit de contigu au Rhin, fut attribué à la province appellée *Belgica*. *Lugdunum*, colonie fondée après la mort de Céfar, & avant le Triumvirat, fit donner à la Celtique le nom de *Lugdunenfis*, ou de Lionoife; & la Province Romaine prit de même le nom de *Narbonenfis*, ou de Narbonoife. C'eft d'après cette divifion en quatre Provinces principales, que fera partagée la defcription du détail de la Gaule. Chacune de ces provinces en ayant par la fuite formé plufieurs, leur nombre, après environ 400 ans, étoit multiplié jufqu'à dix-fept; & il y a un intérêt particulier à en prendre connoiffance, quoique dans un âge poftérieur aux tems qui font l'objet dominant dans l'ancienne Géographie. C'eft que le gouvernement Eccléfiaftique ayant été conforme en Gaule au gouvernement Civil, les provinces Eccléfiaftiques, fi on en excepte quelques-unes, que l'élévation de quelques

C iij

villes à la dignité de métropole a donné lieu de former, répondent à cette division des provinces dans l'état Civil. Cette conformité s'étend même aux cantons particuliers dont chaque Province étoit composée, parcequ'aux anciennes *Cités* répondent assez communément les anciens Diocèses. Des lieux qui sont donnés sous le nom de *Fines*, ou Fins, contribuent à montrer une correspondance de limites. Quant à ce terme de Cités, *Civitates*, qu'on employe ici, il faut être informé qu'il ne se renferme pas dans l'idée ordinaire que donne le terme de *Civitas* pour désigner une ville, mais qu'il étoit spécialement d'usage pour désigner le district de chacun des peuples particuliers, dont le nombre étoit grand dans l'étendue de la Gaule. Ce rapport qu'elle conserve d'un état ancien à quelque chose de subsistant, est un avantage dont on pourroit inférer, qu'elle a moins souffert d'altération dans sa constitution, par les révolutions qui ont suivi la chute de l'Empire Romain, que d'autres parties du même Empire.

NARBONENSIS.

Il semble naturel de commencer par celle des provinces qui fut la première formée dans la Gaule, & qui s'étant façonnée plus particulièrement qu'une autre aux manières du peuple dominant, conserve encore dans l'idiome vulgaire plus de ressemblance à la langue Romaine que les provinces reculées vers le nord, où cette langue pouvoit être moins familière & moins pure dans son usage. Par la multiplication du nombre des provinces, nous en distinguerons jusqu'à cinq en cet article intitulé *Narbonensis*. On voit au commencement du quatrième siècle une province sous le nom de *Viennensis*, ou de Viennoise, séparément de la Narbonoise, & la Narbonoise divisée en deux Provinces, première & seconde. Les peuples cantonnés dans les Alpes,

& dont la plupart n'avoient subi le joug que postérieurement au premier établissement de la domination Romaine dans la Gaule, composerent deux provinces, l'une sous le nom d'*Alpes Maritimæ*, parce qu'elle touchoit à la mer, l'autre plus reculée dans les terres, & sur le penchant de l'Alpe Greque & de l'Alpe Pennine, ce qui lui fit donner le nom d'*Alpes Graiæ & Penninæ*.

La Province distinguée par le nom de *Narbonensis prima*, & dont l'étendue se rapporte assez généralement parlant à ce qu'aujourd'hui on nomme le Languedoc, étoit dans sa plus grande partie occupée par deux peuples considérables, les *Volcæ Arecomici* vers le Rhône, les *Volcæ Tectosages* vers la Garonne. Une ville des plus distinguées de la Gaule, *Nemausus*, Nîmes, étoit renfermée chez les premiers; *Tolosa*, Toulouse, chez les seconds. *Narbo* avec le surnom de *Martius*, colonie fondée dès les premières années de la formation d'une province Romaine en Gaule, & ville très-puissante indépendamment de son rang dans cette province, tenoit à la mer par un canal de l'*Atax*, qui est la rivière d'Aude. *Agatha*, Agde, Marseilloise de fondation, *Bæterræ*, Béziers, & plus avant dans les terres, *Luteva*, Lodeve, & *Carcaso*, Carcassone, sont des villes à nommer ici. Au nord des Arécomiques, les *Helvii* étoient appuyés sur la rive droite du Rhône, dans ce qui compose aujourd'hui le diocèse de Viviers; & leur capitale appelée *Alba Augusta*, conserve quelques vestiges dans un petit lieu nommé Alps. Un autre peuple, les *Sardones*, au pied des Pyrénées, occupoient le Roussillon, qui doit son nom à une ville principale de ce peuple, *Ruscino*, dont l'emplacement près de Perpignan est connu. *Illiberis*, qui avoit été une ville considérable en ce canton, a pris le nom d'*Helena*, aujourd'ui Elne, dont le siége épiscopal a été transferé à Perpignan. On peut ajouter que les *Consoranni*, qui ont donné le nom au Couferans, pourroient avoir été compris dans la Narbonoise, avant que d'entrer dans une des provinces Aquitaniques.

Viennensis, la Viennoise, s'étendoit sur la rive gauche du Rhône, depuis son issue du Lac *Lemanus*, ou de Genève, jusqu'aux embouchures de ce fleuve dans la mer. *Vienna*, dont elle prenoit le nom, étoit distinguée comme capitale d'un grand peuple, avant que de monter au rang de métropole dans une province. Les *Allobroges*, dont les plus qualifiés en quittant leurs bourgades, avoient formé la ville de Vienne, occupoient la partie principale de ce que les Daufins de Viennois ont fait appeler le Daufiné; & ils remontoient dans la Savoie jusqu'à la position de *Geneva*, qui étoit une de leurs villes. *Cularo*, qui prit le nom de l'empereur Gratien, en s'appellant *Gratianopolis*, comme ce nom subsiste en celui de Grenoble, doit leur être attribuée plutôt qu'à un autre peuple. Les *Vocontii* étoient adjacents vers le midi, ayant

pour ville principale *Vafio*, ou Vaifon ;
& en s'étendant fur la Drome, dont le
nom ancien eft *Druna*, *Dea*, ou Die,
étoit de leur dépendance. Entre ce territoire & le Rhône, les *Segalauni* poffé-
doient *Valentia*, Valence ; les *Tricaftini*,
une ville portant le nom d'*Augufta*, aujourd'hui S. Paul-Trois-châteaux. Les *Ca-
vares* occupoient jufqu'à la Durance cette
partie de la Provence que l'ufage eft d'appeler le Comtat, où *Araufio* eft Orange,
Avenio, Avignon, *Carpentoracte*, Car-
pentras, *Cabellio*, Cavaillon. Au midi
de la Durance, les *Salyes*, que nous
aurons occafion de citer particulièrement
en parlant de la Narbonoife feconde,
joignoient le bord du Rhône. *Arelate*,
Arles, prévaloit fur toute autre ville en
ce canton, & l'empereur Honorius y
transféra le fiége de la Préfecture du Pré-
toire des Gaules, lorfque Trèves fac-
cagée par les barbares, ne fut plus en
état de foutenir cette prérogative. C'eft
peu au-deffus d'Arles, que le Rhône fe

C vj

divise en deux bras, pour former deux embouchures principales, & ces embouchures étoient appellées *Gradus*, aujourd'hui les Graus du Rhône. Marius dans la guerre contre les Cimbres, avoit ouvert sur la gauche du plus considérable des deux bras du fleuve un canal aboutissant à la mer. On peut avant que de parler de Marseille, faire mention de *Maritima*, ou de Martigues, à l'entrée d'un grand lac communiquant avec la mer. *Massilia*, fondée par des Grecs, sortis de Phocée, ville maritime de l'Ionie, environ 600 ans avant l'Ere chrétienne, avoit conservé dans une terre étrangère la manière de vivre qu'elle tenoit de son origine, & ne se distinguoit pas moins par le goût de la littérature Greque, que par son commerce, qui l'avoit rendue assez puissante pour former des établissemens particuliers sur les côtes voisines. Jusque-là s'étend la Viennoise, selon l'état qui nous est donné des provinces de la Gaule.

Il n'est point mention de la Narbonoise seconde avant le quatrième siècle bien avancé. *Aquæ-Sextiæ*, Aix, en fut la métropole. Elle devoit sa fondation à Sextius Calvinus, qui dans les premières expéditions des Romains dans la Gaule, fournit les *Salyes* ou *Salluvii*, nation puissante, qui s'étendoit au midi de la Durance, depuis le Rhône jusqu'en approchant des Alpes, & avec laquelle les Marseillois eurent long-temps à combattre. Pour ne parler que des lieux principaux sur la côte, nous ne citerons que *Telo Martius*, Toulon, aujourd'hui si recommandable par son port; *Forum Julii*, Fréjus, colonie distinguée, & port creusé pour contenir une flotte Romaine en station, près de l'embouchure de l'*Argenteus*, ou de la petite rivière d'Argents; enfin *Antipolis*, Antibes, fondée par les Marseillois. Au-devant de cette côte, trois isles rangées sur une même ligne, portoient par cette raison le nom grec de *Stœchades*, & sont aujourd'hui appelées isles d'Iéres, du nom d'un lieu situé sur le continent. Dans le fond des terres, les *Reii*, nommés autrement *Albiæci*, bordoient la rive gauche de la Durance, au nord des Salyes, & la ville de Riez en conserve le nom. Il reste trois villes à citer dans la seconde Narbonoise, *Apta Julia*, Apt, *Segustero*, Sisteron sur la Durance, & *Vapincum*, Gap, qui paroît avoir été détaché des limites d'une nation, dont la province d'*Alpes Maritimæ* va nous donner occasion de parler.

Cette province resserrée entre la précédente & la chaîne des Alpes, atteignoit la mer à l'entrée du Var, & au pied de l'*Alpis* appelée *Maritima*, qui au-delà de ce fleuve portoit un trophée élevé à Auguste, pour avoir soumis les peuples des Alpes entre les deux mers qui embrassent l'Italie. Car, quoique le Var soit cité comme séparant la Gaule d'avec l'Italie, la cime des montagnes d'où les eaux se répandent d'un côté comme de l'autre, constituoit des limites naturelles; & la ville de Nice, *Nicæa*, de fondation Marseilloise au-delà du Var, & son Comté, ne sont actuellement détachés de la Provence, que par un démembrement depuis moins de 400 ans. La métropole des Alpes Maritimes, *Ebrodunum*, Embrun, a conservé les droits de son siége en cette partie. Il faut dire que tout ce pays voisin de la mer, & en remontant dans les Alpes, étoit occupé par différens peuples d'une nation que nous verrons puissante dans l'étendue de l'Italie, celle des *Ligures*. Les Salyes dont il a été parlé en tiroient leur origine, & dans les premiers tems, le rivage de la mer jusqu'à l'entrée de l'Ibérie appartenoit à cette nation. En montant dans les terres, on peut citer *Dinia*, Digne, pour remarquer qu'avant le règne de Galba cette ville n'étoit point encore comprise dans la province, dont le peuple le plus considérable étoit celui des *Caturiges* vers le haut de la Durance. C'est par l'altération de ce nom qu'un petit lieu situé entre

Embrun & Gap, s'appelle aujourd'hui Chorges. Un prince nommé Cottius, dont *Segusio*, ou Suze, étoit la résidence, & qui fut maintenu par Auguste dans la possession d'un petit état composé de plusieurs peuples cantonnés dans les Alpes, avoit communiqué son nom à l'*Alpis Cottia*, qui est le Mont Genèvre, où la Durance prend sa source, peu loin de *Brigantio*, ou de Briançon. Pour parler maintenant des Alpes Greques & Pennines, *Alpis Graia* est le petit S. Bernard, & le grand S. Bernard est *Alpis Pennina*, dont le nom dérivoit d'un terme employé dans plusieurs langues, & propre à désigner le sommet d'une montagne, comme il est appliqué à l'Apennin, qui se détache des Alpes pour traverser l'Italie. Ce qu'on appelle aujourd'hui le Wallais au pied de l'Alpe Pennine, & le long du Rhône depuis sa source jusqu'au lac qui le reçoit, étoit appelé *Vallis Pennina*. Les *Nantuates* habitoient le Chablais & le bas de la vallée ; les *Veragri* étoient au-deſſus. La ville principale en cette vallée, Sitten ſelon les Alemans, autrement Sion, conſerve le nom des *Seduni.* Un peuple plus conſidérable vers les limites des Allobroges de la Viennoiſe, les *Centrones* occupoient la Tarentaiſe, qui a tiré ce nom de celui de *Darantaſia*, que la ville de Monſtier, jouiſſant de la prérogative de métropole dans cette province des Alpes, portoit primitivement.

LUGDUNENSIS.

Ce nom s'étend à une longue bande de pays, faiſant le milieu de la Gaule, depuis le Rhône près de *Lugdunum*, ou de Lion, juſqu'à la mer, & limitée d'un côté par l'Aquitaine, de l'autre par la Belgique. Dans la diviſion qu'éprouvèrent les quatre Provinces primitives, la Lionoiſe fut d'abord partagée en deux, première & ſeconde; & cette diviſion n'en avoit point ſouffert d'autre avant que le quatrième ſiècle fût écoulé, lorſqu'au lieu de deux Lionoises, on en voit quatre, par une division postérieure de chacune de ces deux provinces. Quoique l'état de la Gaule dans un nombre de provinces multiplié jusqu'à dix-sept, descende à des tems qui s'éloignent de l'âge principal où l'ancienne Géographie veut être considérée, cependant la notion qu'on peut prendre de ces provinces ayant son utilité particulière, comme on l'a remarqué précédemment, on assujettira le détail dans lequel il convient d'entrer sur l'ancienne *Lugdunensis*, à ce que chacune des quatre provinces Lionoises comprenoit en particulier.

La ville de Lion avoit été fondée sur la rive droite de la Saône, dans le territoire d'un peuple Gaulois, les *Segusiani*. Mais, c'étoit une ville Romaine, & ce peuple avoit son chef-lieu, appelé *Forum*, & ce lieu conserve le nom de Feur, près de la rive droite de la Loire, & le *Pagus Forensis* du moyen-âge, a donné le nom au Forez. *Rodumna*, Rouane, plus bas sur l'autre rive de la Loire, appartenoit au même peuple. Ce peuple du tems de César étoit dans la dépendance de la nation des *Ædui*, une des plus puissantes qui fût dans la Gaule. La ville tenant le rang de capitale chez cette nation, & appelée *Bibracte*, prit sous Auguste le nom d'*Augustodunum*, duquel s'est formé celui d'Autun. Elle tiroit un lustre particulier de ce que la noblesse de la Gaule y étoit instruite dans les lettres. L'*Arar*, dont le nom a postérieurement été *Sauconna*, la Saône, séparoit le peuple Eduen d'avec les Séquanois, de manière que *Cabillonum* & *Matisco*, Challon & Mâcon sur la rive droite, appartenoient à cette grande cité Eduenne, qui d'un autre côté s'étendant jusqu'à la Loire, possédoit sur cette rivière une ville, qui sous le nom de *Nevirnum*, Nevers, en a été détachée. Dans ce qui dépendoit du même peuple, n'oublions point *Alesia*, quoiqu'il ne reste de cette ville que le nom d'Alise, mais en rappelant un des plus grands exploits de César, & qui peut servir d'époque à l'asserviſſement de la Gaule au pouvoir de Rome. Les *Lingones* étoient limitrophes, ayant pour capitale *Andematunum*, à laquelle il eſt arrivé, ainſi qu'à beaucoup de villes du même rang dans la Gaule (comme on verra par la ſuite) de quitter avant la chute de l'Empire Romain, le nom primitif, pour s'approprier celui du peuple, en s'appelant *Lingones*, aujourd'hui Langres. Il faut dire que ce peuple faiſoit partie de la Belgique, avant que d'entrer dans la Lionoiſe première, qui ſans cette acceſſion auroit été très-limitée par le démembrement d'une nouvelle Lionoiſe, que ſon nom de quatrième Lionoiſe déſigne avoir été formée la dernière. Et parce qu'elle tient immédiatement à celle dont elle a été détachée ; de manière à ſéparer entièrement la première Lionoiſe d'avec la ſeconde & la troiſième, elle les précédera dans notre deſcription. Les *Senones* l'ont fait diſtinguer par le nom de *Senonia*, & leur capitale *Agedincum*, autrement *Senones* par le changement de nom dont on vient de parler, aujourd'hui Sens, prit le rang de métropole. Un autre peuple considérable en cette province, les *Carnutes*, avoient pour capitale *Autricum*, & du nom du peuple, s'est formé celui de Chartres. Chez les Parisii, *Lutecia*, qu'une isle de la Seine renfermoit, & devenue depuis la reine des villes, conserve purement le nom du peuple. Les *Aureliani* sont un démembrement d'une cité plus ancienne : la ville qui conserve leur nom dans celui d'Orléans, située avantageusement au sommet du coude que décrit le cours de la Loire, appartenoit aux Chartrains du tems de César, sous le nom primitif de *Genabum*. Les *Meldi*, voisins des Parisiens, & les *Tricasses* adjacents aux Senonois, ne paroissent point dans César. *Iatinum* sur la Marne chez les premiers, conserve leur nom quoique altéré dans celui de Meaux ; *Augustobona* sur la Seine, dans celui de Troies chez les seconds. Quant à quelques autres positions, il faut citer *Autissiodorum*, ou Auxerre, qui paroît avoir appartenu aux Senonois; *Nevirnum*, Nevers, enlevé au peuple Eduen. Ajoutons *Melodunum*, Melun, dans le territoire Sénonois, & dont il est mention dans César.

La seconde Lionoise, après que la troisième en eut été détachée, se trouvoit à peu près comprise dans ce qui fait les limites actuelles de la Normandie. *Rotomagus*, Rouen, métropole de cette province, appartenoit à un peuple, dont le nom de *Veliocasses* est devenu par altération celui du Vexin, qui s'étend jusqu'à la rivière d'Oise, sur laquelle le nom Celtique de *Briva Isaræ* est traduit dans celui de Pont-Oise. Les *Caleti* étoient bornés par la mer; ils ont donné le nom au *Pagus Caleticus*, qui est le pays de Caux, & le nom de *Juliobona* leur capitale se conserve dans celui de Lilebone. Ces deux peuples occupant la rive septentrionale de la Seine, seront ainsi réputés du corps des Belges dans l'état primitif de la Gaule, avant que d'avoir été joints à la Lionoise. Sur la rive gauche de la Seine étoient les *Aulerci Eburovices*, & les *Lexovii*. La capitale des premiers a quitté son nom primitif de *Mediolanum*, pour être appelée *Eburovices*, d'où est venu le nom d'Evreux : & *Noviodunum* chez les *Lexovii* ayant pris le nom du peuple, est Lizieux. Le nom antérieur à celui de *Viducasses*, pour la capitale d'un peuple situé sur la rivière d'*Olina*, qui est l'Orne passant à Caen, nous est inconnu. Celui de la ville des *Bajocasses*, qui étoient contigus, sçavoir *Aræ genus* (propre à la petite rivière d'Aure comme à cette ville) ayant été remplacé par le nom du peuple, est conservé dans celui de Baïeux. Les *Unelli* ou *Ueneli*, reculés jusqu'à la côte occidentale, avoient pour capitale *Crociatonum*, dont la position convient à Valognes. Mais, une autre ville, *Constantia*, a prévalu en donnant le nom de Côtantin à ce canton de pays, borné au midi par le territoire des *Abrincatui*, dont la capitale *Ingena* conferve le nom dans celui d'Avranches. On peut douter que le nom de *Saii*, rapporté à la ville de Sées, foit de même antiquité que les précédens. Des ifles au-devant du Côtentin, fous-les noms de *Sarmia*, *Cæfarea*, *Riduna*, répondent à celles de Gerfei, Grenefei, Aurigni.

Pour en venir à la troifième Lionoife, elle eut pour métropole *Turones*, Tours, qui nommée primitivement *Cæfarodunum*, avoit pris le nom du peuple dont elle étoit la capitale. C'eft pour avoir quitté le nom de *Juliomagus*, que celle du peuple *Andes* ou *Andecavi* fur la Maïenne ou *Meduana*, fe nomme aujourd'hui Angers. Les *Aulerci Cecomani* ont donné le nom à la ville du Mans, qui avant de prendre celui de *Cecomani* fe nommoit *Suindinum*. Ils avoient pour voifins les *Diablintes*, dont la ville nommée *Næodunum* ayant pris le nom du peuple,

peuple, a laissé le nom de Jublins à un lieu qui en tient la place. Les *Arvii*, compris également dans le Maine, se sont fait connoître par les vestiges de leur ville, dont le nom étoit *Vagoritum*, & ces vestiges subsistent dans un lieu qu'on appelle la Cité, près d'une petite rivière nommée Erve. On connoît assez les *Redones*, dans le nom de Rennes, les *Namnetes* dans celui de Nantes : c'est que les villes de ce nom avoient quitté les noms primitifs, *Condate* & *Condivienum*. La dénomination de *Condate*, commune à bien des lieux dans la Gaule, en désigne la situation dans le coin de terre que forme le confluent de deux rivières. Le territoire des Nantois étoit borné par la Loire, dont la rive ultérieure appartenoit aux *Pictavi* dans l'Aquitaine. Il est séparé des *Veneti* par la Vilaine, que l'on trouve dans l'antiquité sous le nom de *Herius fluvius*. On voit dans César que les Venetes se distinguoient par leur puissance & leur habileté dans la marine. *Dario-*

rigum, nom de leur capitale, a été remplacé par le nom du peuple, qui se conserve dans celui de Vennes. Entre plusieurs isles au-devant de la côte, *Vindilis* a précédé le nom que porte Belliste. On a reconnu la situation des *Curiosolites*, comme limitrophe de la cité de Rennes. Le fond de la province à laquelle les Bretons insulaires ont communiqué le nom de Bretagne, étoit occupé par les *Osismii*, dont la capitale nommée *Vorganium* prend sa position à Karhez. On trouve un peuple nommé *Corisopiti* aux environs de Kimper. Le *Brivates Portus* indique celui de Brest ; & *Uxantis* & *Sena*, les isles d'Ouessant & de Sain, celle-ci, quoique très-petite, pouvant mériter d'être citée, pour avoir servi de demeure à des prêtresses révérées dans l'antiquité Gauloise. On sait que les peuples voisins de l'Océan étoient désignés par le nom d'*Armoricæ Civitates*, selon la signification propre du terme d'*ar-Mor*, dans la langue Celtique. Cette désignation générale, mais appliquée particulièrement à ce qui est contenu entre les embouchures de la Seine & de la Loire, s'est renfermée postérieurement dans la Bretagne, quand il en est mention sous le nom d'Armorique.

AQUITANIA.

Ce qui dans la division de la Gaule par Auguste n'étoit qu'une province, en forma trois, Aquitaine première, Aquitaine seconde, Novempopulane. La capitale des *Bituriges*, qui après avoir porté le nom d'*Avaricum*, prenoit celui du peuple, dont le nom actuel de Bourges est dérivé, fut la métropole de la première Aquitaine. Ce peuple étoit des plus considérables de la Gaule, & paroissoit même y dominer sous le gouvernement d'un roi, lorsqu'une multitude de Gaulois passa les Alpes & le Rhin, pour s'établir en Italie & en Germanie, environ 600 ans avant l'Ere chrétienne. Nous avons deux peuples de Bituriges, le principal qui est celui du Berri, distingué par le surnom de *Cubi*, l'autre par le surnom de *Vibisci* dans l'Aquitaine seconde. Les *Arverni* jouissoient d'une grande puissance lorsque les Romains portèrent leurs armes dans la Gaule. On sait qu'une de leurs villes nommée *Gergovia*, résista aux efforts que fit César pour s'en rendre maître. La capitale de la nation, nommée *Augustonemetum*, dont les vestiges de la ville précédente sont peu éloignés, a pris le nom de Clermont, conservant le même rang dans la province d'Auvergne. Il faut parler immédiatement ensuite de deux peuples limitrophes, & dépendans même de cette province du tems de César, les *Gabali* & *Vellavi*, qui ont donné le nom au Gévaudan, & au Vellai. La capitale des premiers, nommée *Anderitum*, ayant pris le nom du peuple, ce nom de *Gabali* est resté dans celui de Javols à un lieu de peu de considération; & *Revessio*, capitale des autres, dont le nom s'y étoit également communiqué, a pris celui de

Saint Paulien. Les *Ruteni* occupoient le Rouergue, & le nom de *Segodunum* leur capitale ayant été changé en celui du peuple, de ce nom du peuple est dérivé celui de Rodez. Mais, on voit un tems où les *Ruteni* font de la Narbonoise comme de l'Aquitaine; & ceux qui dans César font appelés *Provinciales*, comme étant de la Province Romaine, ne peuvent par convenance avec le local être placés que dans l'Albigeois, dont la ville principale *Albiga*, est une cité de l'Aquitaine première dans un tems postérieur. Le Querci, adjacent au Rouergue, & Cahors sa capitale, doivent également leur nom à celui des *Cadurci*, & dans l'altération de ce nom, c'est une même diversité entre la ville & la province, qu'à l'égard des *Ruteni* dans les noms de Rouergue & de Rodez; & comme on peut remarquer que du nom de *Bituriges* sont également sorties les dénominations diverses de Berri & de Bourges. Le nom primitif de la ville des *Cadurci* étoit *Divona*,

& celui de la rivière qui y passe étant *Oltis*, doit être l'Olt, & non pas le Lot selon l'usage vulgaire. Le nom de *Tarnis*, d'une autre rivière qui se rend dans la Garonne, se conserve pur dans celui de Tarn. Il ne faut point oublier une place des *Cadurci* assiégée par César, *Uxellodunum*, dont le nom & la situation se reconnoissent dans le Puech d'Issolu, peu loin de la Dordogne sur la frontière du Limousin. Les *Lemovices*, qui ont donné le nom à cette province comme à la ville de Limoges, nommée primitivement *Augustoritum*, se sont ainsi rencontrés les derniers dans la route que nous avons suivie en parcourant ce qui a composé l'Aquitaine première.

La seconde Aquitaine eut pour métropole *Burdigala*, Bourdeaux, chez les *Bituriges Vibisci*, qui n'étoient pas Aquitains d'origine. Les *Meduli* de ce territoire, entre la Gironde ou l'embouchure de la Garonne & la grande mer, ont donné le nom au Medoc. Le nom de

Petrocorii a fait celui de Périgueux, comme du Périgord, quoique *Vesuna*, nom primitif de la capitale soit conservé à ce qu'on nomme la Visone dans cette ville. L'Agenois a tiré son nom d'*Aginnum*, ce nom qui étoit propre à une ville ayant prévalu sur celui des *Nitiobriges*. Les *Santones*, adjacents à la mer, au nord de la Gironde, ont donné le nom à la Saintonge, & à la ville de Saintes, dont le nom primitif étoit *Mediolanum*. *Iculisna*, Angoulême, n'ayant point de peuple particulier qui soit connu, convient mieux à celui qui occupoit la Saintonge qu'à tout autre. *Carantonus* est le nom de la Charente, qui traverse ce pays; & vis-à-vis de son embouchure, le nom d'*Uliarus* est celui de l'isle d'Oleron. Le territoire des *Pictones* ou *Pictavi* étoit vaste en s'étendant jusqu'à la Loire. Leur nom a fait celui du Poitou & de Poitiers. *Limonum* étoit le nom antérieur de la capitale. Et dans cette extension des anciens *Pictavi* vers l'embouchure de la Loire,

D iv

ils avoient une ville dont le nom de *Ratiatum* est resté au pays de Retz. On peut ajouter qu'un peuple particulier, sous le nom d'*Agesinates*, étoit compris dans ce territoire, & le district d'un Archidiaconé du nom d'Aisenai, dans l'Evêché de Luçon, distrait de celui de Poitiers, nous indique cette portion des *Pictavi*.

Ce qui nous reste de l'Aquitaine entre la Garonne & les Pyrénées, répond d'une manière générale à ce qu'occupoient les *Aquitani* dans le partage national de la Gaule. Le nom de *Novempopulana*, que prit cette partie de la province d'Aquitaine, semble indiquer qu'elle étoit composée de neuf peuples, que nous ne chercherons point à distinguer dans le nombre de ceux qui y ont tenu quelque place. Les *Elusates* & *Ausci* y paroissent au premier rang. *Elusa*, Euse, étoit la métropole, avant que cette dignité eût été transférée à Auch, qui n'a porté le nom d'*Ausci* qu'après avoir été appelée *Augusta*, ayant même un autre nom dans l'idiome du pays, sçavoir *Climberris*. Il faut parler des *Sotiates*, mentionnés dans César, & que l'on retrouve dans le lieu nommé Sos. Les *Vasates* ont donné le nom à Bazas, qui se nommoit auparavant *Cossio*. Un petit peuple nommé *Boii* étoit celui des Buies du pays de Buch, près de la mer, & la résine que fournissent les landes de ce canton, les fait appeler *Piceos Boios* (*). Entre ce canton & les Pyrénées s'étendoient les *Tarbelli*, & *Aquæ Augustæ*, aujourd'hui Aqs, étoit leur capitale. *Lapurdum*, qui a laissé ce nom au Labourd en prenant celui de Baïone, entroit dans ce territoire. Une ville dont il ne reste point de vestiges, *Beneharnum*, subsiste en quelque manière dans le nom de Béarn. *Iluro* est Oloron dans cette province. *Vicus Juli*, ou *Atures*, est Aire, sur l'*Aturus* ou l'Adour. Vers une des extrémités de la Novempopulane, *Lactora* est Leitour. Enfin, au pied des Pyrénées, les *Bigerrones* ont donné le nom

(*) Dans une lettre de S. Paulin à Ausone.

à la Bigorre, & *Tarba* à la ville de Tarbe ; les *Convenæ* au pays de Cominges, dont la capitale qui étoit nommée *Lugdunum*, est aujourd'hui S. Bertrand, de même que celle des *Consoranni*, ou de Couserans, a pris le nom de S. Lizier. C'est à ce pays des premiers Aquitains, que les Vascons ultramontains ou Espagnols, en s'y répandant, ont fait donner le nom de Gascogne ; & celui d'Aquitaine s'est perpétué, en souffrant de l'altération, dans ce qu'on nomme aujourd'hui la Guienne.

BELGICA.

De l'extrémité méridionale de l'Aquitaine, il faut revenir sur ses pas, & se porter vers le nord, pour terminer la Gaule dans sa partie la plus reculée. Par la multiplication des provinces, nous y distinguerons deux Belgiques, deux Germanies, & une cinquième province appelée Grande Séquanoise. La capitale des *Treveri*, qui après avoir porté le nom d'*Augusta*, avoit pris le nom du peuple, fut métropole de la Belgique première. Ce peuple tiroit vanité d'être Germanique d'origine ; & leur ville devenue colonie Romaine, servit de résidence à plusieurs Empereurs, que le soin de veiller à la défense de cette frontière retint dans la Gaule. La Sare, que reçoit la Moselle, peu au-dessus de Treves, est connue dans l'ancienne Géographie sous le nom de *Saravus*. Les *Mediomatrici*, limitrophes des *Treveri*, avoient pour capitale *Divodurum*, qui a pris le nom de *Metis*, Métz. Les *Leuci* succédent jusqu'au *Vogesus Mons*, & leur capitale conserve son ancien nom de *Tullum* dans celui de Toul. *Verodunum*, Verdun, se fait un territoire particulier dans cette Belgique.

La seconde des provinces de ce nom fournit un plus grand nombre de cités ou de peuples. Les *Remi* s'étoient distingués par leur inclination pour les Romains sous le gouvernement de César, & *Du-*

rocortorum leur capitale, prenant le nom du peuple qui subsiste dans celui de Reims, fut élevée au rang de métropole dans la Belgique seconde. Il n'est mention des *Catalauni* que depuis César, & Châlons sur la Marne conserve leur nom. La capitale des *Suessiones*, liés autrefois très-étroitement avec la cité de Reims, avoit pris le nom d'*Augusta*, que celui du peuple a remplacé, comme la ville de Soissons le conserve. La rivière d'Aisne qui y passe, est *Axona* dans les monumens de l'âge Romain. Les *Veromandui* ont donné le nom au Vermandois, & leur capitale à laquelle celui d'*Augusta* a été propre, est S. Quentin. On connoît assez dans le nom de Beauvais les *Bellovaci*, qui jouissoient d'une grande réputation de bravoure entre les nations Belgiques. Leur capitale étoit appelée *Cæsaromagus* avant que de prendre le nom du peuple, & elle ne se confond point avec le *Bratuspantium* dont il est mention dans César. Les *Silvanectes*, dans des limites étroites contiguës au Beauvaisis, & qui ne sont cités que depuis César, ont changé dans leur chef-lieu le nom d'*Augustomagus* pour celui qui leur étoit propre, quoiqu'il puisse paroître méconnoissable dans la forme actuelle de Senlis. Les *Ambiani* avoient donné à leur ville le nom de *Samaro-brivā*, parce que la Somme s'y traversoit sur un pont, & le nom du peuple en ayant pris la place, subsiste dans celui d'Amiens. Ce canton de la Belgique, & la cité des Bellovaques spécialement, se distinguent dans César par le nom de *Belgium*. Les *Atrebates*, limitrophes de la cité d'Amiens, y paroissent compris. Leur capitale *Nemetacum*, autrement *Nemetocenna*, ayant adopté le nom du peuple, est Arras, que les Flamingans appellent Atrect. Cette cité ne remplit point l'Artois, quoique cette province lui doive son nom. Une partie appartenoit aux *Morini*, qui reculés jusqu'au bord de la mer, tiroient leur nom de cette situation maritime. *Taruen-*

na, Térouenne, étoit leur capitale. Ils avoient en s'étendant dans la Flandre une place appelée *Castellum*, qui conserve le nom de Cassel. Le territoire particulier de *Bononia*, ou de Boulogne, qui se nommoit primitivement *Gesoriacum*, étoit une annexe de celui des Morins ; & le port *Itius*, que l'embarquement de César pour passer dans l'isle Britannique a rendu célebre, est celui de Wit-sand sur le même rivage. Une nation puissante, & qui vouloit être Germanique d'origine, les *Nervii* avoient pour capitale au centre du Hainau *Bagacum*, Bavai, qui paroît déchue de ce rang à la fin du quatrième siècle, lorsque *Camaracum*, Cambrai, & *Turnacum*, Tournai, ont prévalu dans le pays qu'occupoient les Nerviens. Il est mention de la Sambre dans ce pays sous le nom de *Sabis*. Mais il faut ajouter, que les dépendances des Nerviens s'étendoient dans la Flandre jusqu'à la mer, dont le rivage a été appelé *Nervicanus Tractus*.

Les deux Germanies dans la partie Belgique de la Gaule, sont de plus ancienne date qu'aucune subdivision qui ait été faite, d'après la division de la Gaule en quatre provinces sous Auguste. On seroit même autorisé à les estimer du même tems, & on les distingue sans équivoque sous Tibère. Cette frontière exposée aux entreprises des nations guerrières d'au-delà du Rhin, demandoit pour sa sûreté des précautions particulières de la part du gouvernement Romain, & sous le commandement de Drusus, plus de cinquante places avoient été construites le long du fleuve. La province Séquanoise, appelée *Maxima Sequanorum*, prise de même sur la Belgique, ne remonte pas si haut que l'on sçache : mais, un ordre géographique de position semble vouloir, qu'elle précéde ici les Germanies, qu'une pareille raison de situation entre elles faisoit distinguer en supérieure & inférieure, indépendamment de l'usage du terme de première & de seconde. Les

Sequani formoient une cité considérable entre la Saône & le mont Jura, qui en faisoit la séparation d'avec la cité Helvétique; & ils occupoient encore plus d'étendue, en remontant du bord du Rhône peu au-dessous de Genève, jusqu'à la Vosge. Leurs dépendances du tems de César atteignoient même le bord du Rhin. En étendant leur nom à une province, il étoit naturel que *Vesontio*, ou Besançon, leur capitale, fût la métropole de cette province. César en décrit la position comme presque enveloppée par le fleuve *Dubis*, ainsi qu'aujourd'hui par le Doux. Les *Helvetii* s'étendoient en ligne oblique depuis le Rhône près de Genève, jusque vers le lac qui prend le nom de la ville de Constance. Les quatre cantons entre lesquels cette nation distinguée par sa bravoure étoit partagée, ne se font point assez connoître sur le local actuel; & on est détrompé sur le rapport du *Tigurinus Pagus* à Zurich, depuis qu'on est instruit par une inscription Romaine que le nom du lieu n'étoit point *Tigurum*, mais *Turicum*. La ville principale dans le pays Helvétique étoit *Aventicum*, dont l'emplacement conserve le nom d'Avenche. Une colonie sous le nom Romain d'*Equestris*, autrement *Noiodunum*, garde sa dénomination Celtique en celle de Nion, sur le bord du Léman ou lac de Genève. *Vindonissa*, qui n'existe plus que dans le nom de Windisch, étoit une place qui a communiqué à Constance la dignité épiscopale par translation. On peut faire mention de *Salodurum* comme étant Soleure. Pour terminer la Séquanoise, il faut parler des *Rauraci*. Ils bordoient la rive du Rhin aux environs du coude que forme le cours de ce fleuve près de Basle, & au-dessous de cette ville comme au-dessus, depuis que cette partie qui donnoit aux Séquanois un espace pour arriver jusqu'au Rhin, avoit cessé de leur appartenir. Une colonie fondée chez les Rauraques sous le nom d'*Augusta*, qui subsiste dans celui d'Augſt, étoit placée un peu plus haut que Baſle, qui a profité de la décadence de cette ville pour devenir conſidérable.

La Germanie première ou ſupérieure ſuccédoit immédiatement à ce territoire. Trois peuples Germaniques, *Triboci*, *Nemetes*, *Vangiones*, ayant paſſé le Rhin, s'étoient établis entre ce fleuve & la Voſge, dans des terres que l'on croit avoir fait partie de ce qui appartenoit aux *Leuci*, & aux *Mediomatrici*. *Argentoratum*, Strasbourg, étoit la réſidence d'un commandant particulier ſur cette frontière, quoiqu'une autre ville, *Brocomagus*, aujourd'hui Brumt, ſoit citée comme capitale des Triboques. Chez les *Nemetes*, qui viennent enſuite, la ville principale eſt nommée *Noviomagus*, avant qu'il en ſoit mention ſous le nom du peuple, & une petite rivière qui s'y rend dans le Rhin lui a fait prendre le nom de Spire. La capitale des *Vangiones*, à laquelle leur nom a été communiqué de même, ſe nommoit primitivement *Borbetomagus*, & son nom actuel est Worms. Mais, *Mogontiacum*, Maïence, étoit la métropole de la province, & la résidence d'un général, dont le département s'étendoit le long du Rhin, depuis *Saletio*, Seltz, jusqu'à *Antunnacum*, Andernach. On peut citer au-dessous de Maïence, *Bingium*, Bingen, au confluent d'une rivière nommée *Nava*, aujourd'hui Nahe; & *Confluentes*, Coblentz, où le Rhin reçoit la Moselle, & du territoire des *Treveri*. Dans la Germanie inférieure, la rive du Rhin fut occupée par les *Ubii*, & les *Gugerni*, deux peuples Germaniques, transportés sous le règne d'Auguste de la rive ultérieure du fleuve à la citérieure ou Belgique. *Colonia Agrippina*, Cologne, fondée chez les Ubiens sous le règne de Claude, fut la métropole de cette province. *Bonna*, Bonn, *Novesium*, Neuss, sont des lieux à citer chez le même peuple; & chez les *Gugerni*, on citera un poste dont il est mention dans l'histoire, sous le nom de *Vetera*, aujourd'hui Santen, & *Colonia Trajana*, réduite à un petit lieu nommé Koln près de Cleves. Mais, la Germanie seconde ne se bornoit point à ce qui borde le Rhin, & la cité des *Tungri* lui donnoit une grande extension jusqu'en deça de la Meuse. Les *Eburones*, Germains d'origine, & qui paroissent avoir été anéantis par César, pour venger le sang d'une légion Romaine répandu chez cette nation, occupoient le pays qu'on voit après eux tenu par les *Tungri*. Ceux-ci étoient également de race Germanique, & leur poste principal nommé primitivement *Atuatuca*, ayant pris le nom du peuple, ce nom subsiste dans celui de Tongres. C'est sur les confins de ce peuple, & des *Treveri*, que s'étend une vaste forêt, que César dit être continue depuis les limites des Nerviens jusqu'au Rhin, sous le nom d'*Arduenna*; & un des cantons où elle s'étend conserve dans le nom de Condros celui des *Condrusi*, dont il est mention dans

César comme dépendans des *Treveri*. La partie septentrionale de ce qu'on nomme aujourd'hui le Brabant, appartenoit aux *Menapii*, en s'étendant même jusqu'au Rhin, & ils avoient une place près de la Meuse, dont le nom de *Castellum* subsiste dans Kessel. Mais, on trouve après eux les *Toxandri* établis dans ce qu'on nomme la Campine ; & les bouches de l'Escaut ont limité la Belgique du côté de la Germanie inférieure. Les *Batavi* appartiennent incontestablement à la Gaule, & la terminent. Le terrain renfermé entre le bras détaché du Rhin sur la gauche, appelé *Vahalis*, le Wahal, & le bras qui coule sur la droite en gardant le nom de *Rhenus*, étoit appelé *Insula Batavorum*, dont une partie conserve le nom de Betaw. Drusus ayant tiré du Rhin, au-dessous de la séparation du Wahal, un canal qui fut appelé *Fossa Drusi* ; ce canal, où les eaux du fleuve se porterent en assez grande quantité pour former par le cours de l'Issel auquel il étoit joint, un grand lac appelé *Flevo*, fut une première cause d'affoiblissement dans ce bras du Rhin, que l'on voit actuellement ne pouvoir arriver jusqu'à la mer. On met au premier rang chez les Bataves *Lugdunum*, qui garde son nom dans celui de Leyde. En remontant le Rhin, on reconnoît *Batavodurum* dans Durstede; & Nimegue est une ville ancienne, dont le nom vient de *Noviomagus*. Si l'on se rappelle le grand nombre de peuples particuliers que contient la Gaule, & qui par une égalité de rang ont voulu les uns comme les autres tenir une place dans cette description, on sera persuadé qu'elle ne pouvoit être plus abrégée sans souffrir d'altération. Mais, en supposant le cas de vouloir être instruit dans un plus grand détail, on peut recourir à un ouvrage du même auteur sur la Gaule en particulier.

III.

BRITANNIA.

L'Isle Britannique étoit la plus grande du Monde connu des anciens, & si elle ne l'est pas du Monde actuellement connu, d'autres avantages qui prévalent sur celui de l'étendue, en font bien la plus considérable des isles du Monde. L'irrégularité dans son contour, n'empêche pas que la figure triangulaire dont parle César sur ce qu'il avoit ouï dire, ne convienne d'une manière générale, sans qu'il fût assez instruit pour distinguer l'inégalité des côtés de cette figure, dont le méridional, moins étendu que les deux autres prolongés vers le nord, semble leur servir de base. Il est terminé d'un côté par le *Cantium*, sur le rivage de la province de Kent, vis-à-vis du promontoire *Itium* de la Gaule ; de l'autre, par une pointe de terre fort avancée en mer, nommée dans l'antiquité *Bolerium promontorium*, aujourd'ui Land's-end, ce qui exprime la même chose que Finis-terre. Quant au sommet de cette espèce de triangle, la pointe du nord de l'Ecosse, que l'on appelle Dungsby-head, étoit appelée *Orcas*, d'un nom relatif aux Orcades, qui sont au-devant de cette pointe, & très-voisines. Le nom d'*Albion* donné à la plus grande des isles Britanniques, pouvoit être emprunté des premiers tems, où cette isle étoit moins connue qu'elle ne l'a été depuis. Resserrée par la mer dans sa largeur, ses principales rivières, *Tamesis*, & *Sabrina*, la Tamise, & la Saverne, ne sont considérables que vers leur entrée dans la mer ; & à l'égard de la seconde de ces rivières, le *Sabrinæ Æstuarium* est moins son embouchure, qu'un golfe de la mer occidentale fort profond dans les terres. En remarquant que l'isle Britannique est montueuse

montueuse presque sans interruption dans la partie qui regarde le couchant, il faut dire en même tems que l'antiquité ne fournit point de dénomination particulière de montagne, si l'on excepte le *Grampius Mons*, qu'une expédition d'Agricola a donné occasion de citer, & qui est reculé dans l'Ecosse, que cette montagne paroît diviser en deux parties, citérieure & ultérieure.

On remarque des différences de sang & d'origine entre les peuples de cette isle. Il est constant que dans sa partie méridionale, plusieurs peuplades sorties de la Gaule y étoient établies. Un grand rapport dans le langage, la même religion, de la conformité dans les mœurs, quoique moins douces dans les Bretons que dans les Gaulois, sont un témoignage non équivoque d'affinité entre des peuples. Mais, la chevelure d'un blond ardent chez les Calédoniens, & une haute taille, font croire à Tacite, qu'ils sont originaires de la Germanie : d'un autre

E

côté, le teint basané, & les cheveux crépus des Silures, les lui font estimer d'un sang sorti de l'Ibérie. César en passant dans l'isle des Bretons, ne s'avança que jusqu'aux rives de la Tamise. Il ne fit que montrer pour ainsi dire la Bretagne, dont Auguste peu jaloux par principe de reculer les limites de l'Empire, négligea la conquête. Ce fut sous Claude qu'elle fut entamée, & que la partie qui tire vers la Gaule entre l'orient & le midi, fut assujettie. Sous le règne de Domitien, les armes Romaines commandées par Agricola, pénétrerent jusque dans la Calédonie, c'est-à-dire au centre de l'Ecosse. La difficulté de se soutenir dans cet éloignement contre les invasions des peuples non soumis, détermina Adrien à donner des bornes moins reculées à la province Romaine en Bretagne, la séparant du pays barbare par un rempart de 80 milles de longueur, depuis le fond d'un golfe appellé actuellement Solwaifirt, jusqu'à Tin-mouth, qui est l'entrée d'une rivière sur la côte orientale de l'isle. Mais, Sévere porta plus loin ces limites, en construisant un autre rempart, dans un espace plus resserré, & de 32 milles, entre *Glota*, qui est la rivière de Clyd, & *Bodotria*, ou le fond du golfe dont la ville d'Edenbourg est voisine vers le midi. Nous n'avons point dans la Bretagne Romaine de division bien limitée entre différentes provinces, & il n'en est pas de ce pays comme de la Gaule sur cet article. On voit une distinction de supérieure & d'inférieure, & la position de quelques villes adjugées à la supérieure, feroit connoître qu'elle étoit reculée vers la partie occidentale. La multiplication des provinces dans tout ce que renfermoit l'Empire, donne une Bretagne première, & une Bretagne seconde; & la situation de la première des colonies au commencement de la conquête, établiroit la Bretagne première dans la partie orientale. Deux autres provinces, *Flavia Cæsariensis*, & *Maxima*

E ij

Cæsariensis, semblent par le nom de *Flavia* tiré de celui qui étoit propre à la famille de Constantin, & par le titre de *Cæsariensis*, devoir se rapporter à Constance Chlore, qu'on sçait avoir commandé en Bretagne avec le titre de César. Mais, on n'est point instruit sur l'étendue & les limites de ces provinces. On en voit une autre un peu plus tard sous le nom de *Valentia*, que l'on juge avoir été la plus reculée vers le rempart de Sévere.

Pour entrer maintenant dans un détail de peuples & de villes, le *Cantium* se présente au premier abord, & il conserve son nom dans celui de Kent. La ville principale de ce coin de terre se nommoit *Durovernum*, & son nom actuel de Canter-bury est celui du pays même, suivi d'un terme propre à désigner une ville dans la langue Anglo-Saxone. Une autre ville, *Duro-brivis*, a pris le nom de Rof-chester, qui dans l'usage est Rochester. Le port qui paroît le plus fréquenté sous les Empereurs pour aborder en Bretagne, se nommoit *Rutupiæ*, vers la pointe méridionale de l'isle nommée *Tanetos*, ou Tanet, & où l'on connoît aujourd'hui Sand-wik. Ce n'est pas qu'il ne soit mention de Douvres sous le nom de *Dubris*. On reconnoît à quelque distance vers le couchant une autre plage, dont le nom de *Lemanis* est aujourd'hui Lyme, & qui fut comme il y a lieu de le présumer, l'endroit où César fit descente dans l'isle des Bretons. En traversant ensuite le territoire d'un peuple dont le nom étoit *Regni*, on trouve des *Belgæ*; & leur ville principale, appelée *Venta Belgarum*, conserve son nom dans celui de Wint-chester. Cette terminaison de Chester, commune à bien des villes en Angleterre, est une dérivation du terme latin de *Castrum*, que la domination Romaine a pu établir & rendre familier dans la Bretagne, & qui sous les Anglo-Saxons ayant pris la forme de *Ceaster*, est

E iij

devevu Cester ou Chester dans l'usage. L'isle *Vectis*, ou de Wight, soumise par Vespasien sous le règne de Claude, est au-devant du canton qu'occupoient les Belges dont il s'agit, de même qu'aujourd'hui vis-à-vis de la province de Hamp-Shire. Des *Atrebates*, peuple que son nom particulier distingue entre les peuples Gaulois de la Belgique, étoient contigus aux Belges de la Bretagne, en tirant vers la Tamise. Sur la côte, les *Durotriges* suivoient les Belges, & *Durnovaria* leur ville est aujourd'hui Dorchester. Ce qui reste de la partie méridionale de la Bretagne, & qui est resserré par la mer jusqu'aux *Sabrinæ Æstuarium*, appartenoit aux *Dumnonii*. Leur ville nommée *Isca*, sur une rivière de même nom, conserve ce nom dans celui d'Exchester. On sait qu'en ce continent, l'extrémité qui a pris le nom de Corn-wall, est recommandable par l'étain qui s'y trouve. Le débit de l'étain ayant fait un objet considérable de commerce chez les

Phéniciens & les Carthaginois, on donnoit le nom de *Caſſiterides*, dérivé du terme grec qui déſigne de l'étain, à des iſles dont on le croyoit tiré. Quoique dans pluſieurs Géographes de l'antiquité, il ſoit parlé de ces iſles comme ſi elles étoient voiſines du Finis-terre de l'Eſpagne, ce qui n'eſt point, on a tout lieu de croire que c'eſt à la pointe de l'iſle Britannique qu'il faut rapporter les Caſſitérides, & ſans ſe borner aux petites iſles ou rochers de Silly ou Sorlingues, comprendre ſous ce nom des promontoires, qui ſéparés par des enfoncemens de mer à l'extrémité du continent, pouvoient être pris par des étrangers arrivans dans ces parages, pour des terres iſolées : & outre le *Bolerium*, ou Land's-end dont il a été parlé précédemment, ce qu'on nomme aujourd'hui cap Lezard, appelé dans l'antiquité *Dumnonium* & *Ocrinum*, peut avoir part au nom des Caſſitérides. Ce qu'on lit dans Diodore de Sicile, que l'étain des Caſſitérides, tiré par les habitans du *Bolerium*, est transporté par eux dans l'isle *Vectis*, ne permet aucun doute sur ce qu'il faut entendre par les Cassitérides.

Ayant ainsi terminé la bande méridionale, il faut se rapprocher de la partie orientale. Chez les *Trinobantes*, nous trouvons *Londinium*, Londres, dont il est parlé dès le tems de la domination Romaine comme d'une ville florissante par le commerce. *Camalodunum* fut la première colonie que les Romains établirent en Bretagne sous le règne de Claude ; & son emplacement convenant à Col-chester, on voit dans cette dénomination actuelle un reste du titre ou surnom de *Colonia*, que cette ville paroît avoir porté par distinction. Les vestiges d'une ville ancienne nommée *Verulamium*, sont connus près de S. Albans à 21 milles de Londres. Au nord des Trinobantes, une cité également puissante, les *Iceni*, désignoient leur capitale par le même nom de *Venta* que nous avons trouvé chez les Belges ; & le lieu qu'occupoit cette ville est appelé Caster, près de Norwich, ville principale de la province de Norfolk. Vers les sources de la Tamise étoient les *Dobuni*. Nous ferons mention des *Aquæ solis* (eaux du soleil) désignées actuellement par le nom de Bath, le même que Baden chez les Alemans, & qu'on sçait être propre aux lieux distingués par des bains d'eau minérale. La position de Glocester sur la Saverne, est celle de *Clanum* dans l'antiquité ; & le passage de la Saverne donne entrée chez les *Silures*, qui occupoient le rivage septentrional du golfe qui reçoit cette rivière. Ils avoient une ville appelée comme plusieurs autres *Venta*, & dont le nom se retrouve en celui de Caer-vent. Dans une autre ville nommée *Isca*, différente de celle que nous avons vue de même nom chez les *Dumnonii*, résidoit une légion Romaine, ce qui en fait connoître l'emplacement dans un lieu appelé Caer-leon, sur une rivière dont le nom d'Usk est évidemment le même que le nom propre de la ville. Chez les *Demetæ*, qui étoient contigus sur le même rivage, la position de *Maridunum* est celle de Caer-Marten. Dans le nord du pays de Galles, dont la partie méridionale appartenoit aux peuples qu'on vient de nommer, les *Ordovices* n'étoient séparés que par un canal étroit d'avec l'isle *Mona*, où les Druides avoient des bois sacrés souillés de sang humain. Cette isle a pris le nom d'Angles-ey, dont la terminaison pourroit se rapporter à ce qui est un mot propre dans la langue de plusieurs peuples septentrionaux pour désigner une isle, & c'est ainsi que les Orcades sont appelées Orkn-ey. L'isle que l'on connoît sous le nom de Man, avec lequel celui de *Mona* paroît se confondre, & qui est située au large entre le nord de l'Angleterre & l'Irlande, n'est point inconnue dans l'antiquité, où son nom est *Monabia*.

Au levant des Ordovices, chez les

Cornavii, nous citerons *Deva*, dont il est mention comme du poste d'une légion dans la Bretagne supérieure : son nom aujourd'hui est Chester. Ajoûtons *Viroconium*, pour dire que sa position n'étoit point celle de la ville de Worchester, mais d'un petit lieu nommé Wrocester, également sur la Saverne, un peu plus bas que Shrewsbury. *Lindum Colonia* conservant le nom de Lincoln, nous indique le canton des *Coritani*, au territoire desquels cette ville est attribuée ; & un golfe qui paroît avoir été nommé *Metaris Æstuarium*, devoit les séparer des *Iceni*, dont il a été parlé. Un peuple puissant, à en juger par l'étendue de pays qu'il occupoit dans toute la largeur de l'isle entre les deux mers, & du sud au nord depuis l'embouchure du fleuve *Abus*, qui est l'Humber, jusqu'au rempart d'Adrien, étoit celui des *Brigantes*. Dans ce canton, *Eboracum*, York, se distingue sur toute autre ville par la résidence de l'empereur Sévère, & de Constance Chlore, dans

E vj

leur séjour en Bretagne. Il y a de la vraisemblance à croire, que la province qui fut appelée *Maxima Cæsariensis*, (grande Césarienne) consistoit dans cette partie de la Bretagne. La trace des voies militaires, dont il subsiste de grands vestiges, & sur lesquelles on reconnoît une mesure de mille qui surpasse celle du mille Romain (826 toises, au lieu de 756) fourniroit un grand nombre de lieux anciens, qu'on a la satisfaction de retrouver, mais dont le détail ne pouvant entrer dans une description abrégée, est compris dans une table destinée à y suppléer en cette partie comme en beaucoup d'autres. On peut dire de même à l'égard du *Vallum Hadriani*, ou rempart d'Adrien, le long duquel on distingue des places de défense peu écartées les unes des autres. Du bord de Solwai-firth vers le couchant, il tendoit à *Luguvallum*, dans l'emplacement que conserve Carlile, & se terminoit d'un autre côté à un poste appelé *Tinocellum*, près de l'embouchure d'une rivière nommée *Tina*. Au-delà de cette rivière étoient les *Otta-tini*, sur le rivage oriental, & en tournant au couchant les *Selgovæ*, & les *Novantæ*, ceux-ci occupant la province Ecoſſoiſe de Gallway, juſqu'à l'angle que l'on trouve être appelé *Novantum Peninſula*, ce qui déſigne la preſqu'iſle dont cette province eſt terminée, & dont la pointe ſe nomme Mula, ou le Bec. Une ville remarquable par le nom de *Victoria*, & attribuée aux *Damnii*, pourroit avoir ſervi de monument à la victoire remportée par Agricola ſur les Calédoniens, vers le mont *Grampius*. Les peuples en deçà du *Vallum*, ou rempart de Sévere, étoient en général appelés *Mæatæ*, par diſtinction d'avec les *Caledonii*, qui habitoient au-delà. On a dit précédemment, que ce rempart s'étendoit depuis la rivière *Glota*, ou de Clyd, juſqu'au *Bodotria Æſtuarium*, qui ſe nomme aujourd'hui Firth of Forth. On eſt aſſuré par la ſignification propre du nom d'Edenburg, que c'eſt la position d'un poste appelé par les Romains *Alata Castra*, comme qui diroit camp qui a des aîles.

Ce qui n'étoit point renfermé dans l'étendue des limites plus ou moins reculées de la domination Romaine, étoit réputé barbare, & pourroit être distingué sous le titre de *Britannia Barbara*. Le nom des *Caledonii* paroît comprendre d'une manière générale plusieurs peuples particuliers dans ce qui fait la partie septentrionale de l'Ecosse : & les Calédoniens ne sont point à distinguer des *Picti*, dont le nom ne se trouve employé que postérieurement, mais qui par un terme emprunté de la langue romaine, exprime l'usage établi chez cette nation sauvage, d'avoir la peau imprimée de diverses figures colorées (*). Une autre nation, sortie de l'Hibernie, les *Scoti*, vint attaquer les Pictes, avant que la Bretagne fût perdue pour les Romains, pénétra même dans ce que la domination Ro-

(*) *Nec falso nomine Picti*. Claudien.

maine avoit occupé de plus reculé vers le nord, & fût dans la suite assez puissante pour enlever aux Saxons de l'Heptarchie Angloise, qui avoit succédé en Bretagne à cette domination, le royaume des Nordan-humbres, dont l'étendue pénétroit jusqu'au golfe voisin d'Edenbourg, vers la ligne que donne le rempart de Sévere. C'est ce qui a fait prendre à cette partie de l'isle qu'on appelle la Grande-Bretagne, le nom d'Ecosse, quoique les Scots proprement dits ne s'y distinguent que dans la partie occidentale, appelée High-land, parce qu'elle est plus haute que l'orientale, & montueuse. Entre les peuples de l'ancienne Calédonie, les *Horestæ* se trouvent cités dans l'histoire, & paroissent avoir habité au-delà du *Taum Æstuarium*, qu'on ne peut rapporter plus convenablement qu'à l'embouchure du Tay, la plus considérable des rivières de l'Ecosse. *Devana*, plus au nord, est la rivière que l'on nomme Déé, dont la ville d'Aber-déen, située sur l'embouchure, tire son nom. Entre plusieurs peuples dont on ne trouve que les noms, les *Cornabii* paroissent devoir se placer dans l'angle le plus reculé de l'Ecosse, ce qu'on nomme aujourd'hui Cait-ness, en y employant le terme en usage chez plusieurs nations septentrionales, pour désigner une terre fort avancée dans la mer. L'extrémité de cette pointe est le promontoire, dont le nom d'*Orcas* dans l'antiquité répond à sa proximité à l'égard des *Orcades*. Comme il est mention de ces isles avant qu'une flote Romaine fît le tour de la Bretagne du tems qu'Agricola y commandoit, ce qu'on lit dans Tacite, qu'elles furent alors découvertes & soumises, ne doit s'entendre en rigueur que dans le sens de la dernière de ces expressions. L'antiquité n'ayant pas entièrement ignoré, qu'il y a des isles au couchant de l'Ecosse, & qui par cette situation sont appelées Western-islands, c'est d'une manière trop peu uniforme qu'il en est mention, pour qu'il convienne d'entrer ici dans quelque détail sur ce qui les regarde. Ce qu'on peut dire en général, c'est que le nom d'*Ebudes* leur auroit été commun, & il s'agit maintenant d'un objet plus important, qui est l'Hibernie.

HIBERNIA.

Le nom de cette grande isle se lit diversement. Celui d'*Ierne*, dans quelques auteurs de l'antiquité, est en grand rapport au nom d'*Erin*, qu'elle porte chez la nation qui l'habite, & duquel par contraction s'est formé le nom actuel d'Ire-land. Adjacente à la Bretagne, mais fort inférieure en étendue, elle est quelquefois appelée *Britannia minor*. Dans les tems voisins de la chute de l'Empire Romain en occident, on la trouve nommée *Scotia*, & nous avons vu que les *Scoti* en sont sortis, pour envahir le nord de l'isle Britannique. Les Romains n'y ayant point porté leurs armes, n'en avoient de connoiffance que par le commerce entre deux terres à la vue l'une de l'autre ; & il eft difficile, & on peut dire prefque fans intérêt, de reconnoître ce que la Géographie de Ptolémée fournit de détail fur l'Hibernie, qui n'entre dans l'hiftoire que très-poftérieurement aux tems de l'antiquité. Cependant, il y a des rapports à remarquer dans quelques circonftances principales. La figure donnée par Ptolémée eft un parallelogramme, déterminé par des promontoires, deux vers le midi, & deux vers le nord. Sur le rivage oriental, vers le milieu de fon étendue, la pofition d'une ville fous le nom d'*Eblana* convient à Dublin ; & l'embouchure d'une rivière un peu plus au nord, & nommée *Buuinda*, répond en conféquence à la Boyne. Le promontoire terminant ce côté vers le fud, & nommé *Sacrum*, eft la pointe du fud-eft de l'Irlande ; & celui qui s'en écarte vers le couchant, & qui eft appelé *Notium*, ou méridional, peut se rapporter à ce qu'on nomme Cap Clear. Sur le rivage occidental, terminé par un promontoire nommé *Boreum*, ou septentrional, une rivière entre plusieurs autres, & désignée par le nom de *Senus*, se prendra pour le Shannon, la plus considérable des rivières du pays, & qui dans un ancien historien Breton porte le même nom que dans Ptolémée. De deux villes nommées également *Regia* dans l'intérieur de l'isle, celle qu'on voit reculée vers le nord fait jetter les yeux sur Armagh, qu'une tradition locale dit avoir été la résidence des anciens rois de cette partie de l'Hibernie appelée Ultonié, & qu'on sçait être un siége primatial pour l'isle entière. Une ville du même nom que celui qui est propre à cette isle, sçavoir *Jernis* ou *Juernis*, placée dans le centre de la partie méridionale, prendroit en conséquence la position de Cashil ou Caffel, une des principales de la province de Mown ou Momonie, si on n'aime mieux faire attention à ce que dans le pays, à quelque distance au couchant de Cashil, on veut qu'il ait existé une grande ville, qui a été épiscopale, & à laquelle on donne le nom d'Awn. Entre plusieurs nations dont les noms sont placés en Hibernie, celui des *Brigantes* témoigne qu'elle auroit reçu des colonies sorties de la Grande-Bretagne, & mêlées avec les premiers insulaires, dont une opinion actuelle rapporte l'origine à l'émigration d'un peuple Ibérien.

A cet article sur l'Hibernie, il faut joindre ce qu'on peut dire de *Thulé* ou *Thyle*, qui dans l'antiquité étoit réputée la plus reculée des terres dans l'Océan voisin du septentrion. La relation d'un Marseillois, nommé Pytheas, plusieurs siècles avant l'Ere chrétienne, avoit fait la célébrité de cette terre, quoique la description du climat, selon ce navigateur, comme n'étant ni terre, ni mer, ni air, mais un composé des trois, fût assez propre à décréditer son rapport. L'opinion qui prend l'Islande pour Thulé, ne peut se soutenir contre une analyse des circonstances qui sont données sur Thulé, sans omettre même celles que fournit le récit attribué à Pytheas, mais dont la discussion ne conviendroit point à un ouvrage du genre de celui-ci. On apprend de Tacite, que la flote Romaine qui faisant le tour de la Bretagne soumit les Orcades, eut en même tems la vue de Thulé, ce qui ne peut avoir de rapport qu'avec les isles de Shetland, à moins de vingt lieues dans le nord-est des Orcades. Et si dans Ptolémée on considère la position de Thulé relativement aux Orcades, on tiendra pour certain ce qui se conclut du fait rapporté par Tacite. Nous trouverons bien dans la suite une autre Thulé dans une région septentrionale de l'Europe, mais qui séparée des Orcades par un espace de cent lieues de mer, ne se confond point avec la Thulé dont il s'agit actuellement.

IV.

GERMANIA.

Séparée de la Gaule par le Rhin, la Germanie s'étend vers l'orient jusqu'à la Vistule, qui peut lui servir de limites du côté de la Sarmatie. Le rivage de la mer vers le septentrion, le cours du Danube vers le midi, la renferment; & ce qu'aujourd'hui on voit compris dans l'Alemagne entre le Danube & les Alpes, n'appartient point à la Germanie. On y distingue trois fleuves principaux dans l'intervalle du Rhin à la Vistule, & prenant également leur cours vers la mer; *Visurgis*, le Weser, *Albis*, l'Elbe, *Viadrus*, l'Oder. Une rivière moins considérable, *Amisus*, l'Ems, précède le Weser dans cet ordre du couchant au levant; & l'antiquité connoît encore en Germanie trois rivières que reçoit le Rhin, *Nicer*, le Nekre, *Mœnus*, le Mein, *Lupia*, la Lipe; & on peut faire mention de *Sala*, qui sous le même nom traverse la Turinge pour se rendre dans l'Elbe. Entre les autres circonstances locales, il n'en est point de plus remarquable que ce qui regarde la *Silva Hercynia*, ou forêt Hercynie, si vaste selon qu'il en est parlé, qu'elle semble couvrir cette terre, dont l'ancien aspect, sauvage comme il étoit (*), peut avoir été conforme à cette description, toute étrange qu'elle puisse paroître en comparaison de l'état actuel. Mais, il faut dire aussi, que le nom de Hercynie est un terme générique, subsistant en quelques endroits de l'Alemagne, qui sont appelés *der Hartz*. Et si l'on trouve quelques autres noms de forêts, comme est celui de *Gabreta silva*, ces noms paroissent propres à des parties de cette immense continuité de bois,

―――――――――
(*) *De formem terris, asperam cœlo, tristem situ cultuque.* Tacite.

qui depuis le voisinage du Rhin s'étendoit jusqu'aux limites de la Sarmatie & la Dace. Les montagnes couvertes de ces forêts étoient désignées par le même nom, & les *Hercynii montes* se font remarquer principalement dans cette chaîne, qui enveloppe le *Boiohemum*, ou la Boheme. Quelques autres montagnes se feront connoître dans le détail que demande cet article concernant la Germanie.

Le nom de *Germani* n'étoit pas propre d'ancienneté à la nation. Il avoit été un tems, pendant lequel les Celtes prévaloient en puissance sur les peuples d'audelà du Rhin; & des établissemens pris dans la Germanie par des nations Celtiques le font connoître. Mais, lorsque par vicissitude, des détachemens de peuples Germaniques vinrent envahir une partie de la Belgique, Tacite nous apprend, que ces étrangers devenus supérieurs par les armes, furent appelés *Germani*, & dans la langue Tudesque ou Germanique on trouve que *Ger-man* signifie

gnifie un homme de guerre. Le nom d'Alemagne que nous donnons à la Germanie, vient d'un peuple particulier, dont la première mention qui soit faite est du commencement du troisième siècle, sous le règne de Caracalla. Ce nom d'*Alé-man* signifie au propre multitude d'hommes, & les *Alemanni* paroissent établis dans ce qu'on appelle aujourd'hui la Suabe en descendant jusqu'au Mein. Mais, la nation qui sortit de la ligue des *Franci*, formée dans le même siècle vers la partie inférieure du Rhin, étant parvenue à un plus haut degré de puissance, le nom d'*Alemannia*, borné dans le moyen-âge aux rives du Rhin en Alsace comme en Suabe, & à une partie de la Suisse, n'est point celui que l'Alemagne elle-même ait adopté. Quant au nom actuel & Teutonique de *Teutsch-land*, on ne peut se dispenser de remarquer qu'il rappelle celui des *Teutons*, quoiqu'il n'en soit mention dans l'antiquité que comme associé au nom des Cimbres,

F

dont l'irruption environ un siècle avant l'Ere chrétienne, porta la terreur jusqu'en Italie, & ne fut arrêtée que par les victoires de Marius. Si entre les peuples ou les contrées de la Germanie, on cherche un nom qui paroisse dominant par son étendue, c'est celui de *Suevi* & de *Suevia*.

Pour prendre maintenant quelque connoissance des différens peuples, il convient de commencer par le voisinage du Rhin, en remontant de la mer jusqu'au Danube; & de-là en pénétrant dans la partie intérieure, on sera conduit jusqu'aux rivages de la Mer Baltique. Les *Frisii*, ou Frisons, séparés de la Gaule & du territoire des Bataves, par le bras du Rhin qui conserve son nom, se présentent ainsi les premiers. Leur pays étoit coupé par un canal de rivière, nommé *Flevo*, qu'une dérivation faite par Drusus des eaux du Rhin dans l'Issel, avoit enflé au point de former un lac, dont l'issue dans la mer étoit fortifiée d'un château portant le même nom. Ce lac ayant été dans la suite fort aggrandi par la mer, est ce qu'on nomme aujourd'hui Zuyder-zée, ou mer méridionale; & de plusieurs passes qui y donnent entrée en venant de la grande mer, celle que l'on nomme Vlie désigne l'embouchure du *Flevo*. Une flotte romaine commandée par Drusus, étant entrée dans l'Océan par cette embouchure, s'empara d'une isle nommée *Byrchanis*, que nonobstant les changemens arrivés sur ce rivage entamé par la mer, on reconnoît dans le nom de Borkum à l'entrée de l'Ems. Au-delà habitoient les *Cauci*, divisés comme on auroit pu le rapporter aussi des Frisons, en *Majores* & *Minores*, ceux-ci en deçà du Weser, les autres entre le Weser & l'Elbe. C'étoit une des plus illustres nations de la Germanie, selon Tacite, & recommandable par son amour pour la justice : Mais, Pline représente comme très-misérable la vie que

F ij

mènent ceux qui habitent une plage exposée aux inondations de la marée. Entre le Rhin & l'Ems au-dessus des Frisons, étoient les *Bructeri*; & quoiqu'il en soit parlé dans Tacite comme d'une nation détruite par la haine de ses voisins, cependant on la voit figurer des premières dans la ligue des Francs. On lit qu'une partie du pays que tenoient les Bructeres fut occupé par les *Chamavi*, & par les *Angrivarii*. Les premiers ayant auparavant habité les rives du Rhin, y avoient été remplacés successivement par les *Tubantes* & les *Usipii*; & on croit que les seconds établis sur le Weser, dans le voisinage des *Cherusci*, ont donné le nom à l'Angarie, ou Angrie, qui fut le domaine du fameux Saxon Witikind, que Charlemagne eut tant de peine à réduire à l'obéissance. Par la mention qui est faite des *Marsi*, on connoît qu'ils appartenoient au même canton. Les Chérusques s'étendoient sur l'une & l'autre rive du Weser, au-dessus des Cauques. Ayant à leur tête Arminius, ils s'étoient fait un nom par la défaite entière de trois légions romaines que commandoit *Varus*; & le *Saltus Teutoburgienfis*, qui fut le champ de cette fanglante expédition, fait partie de l'Evêché de Paderborn. Un autre champ nommé *Idiftavifus*, où Arminius fut vaincu par Germanicus, a beaucoup de rapport par les circonftances de cette action à celui d'Haftenbek, où l'armée Françoife remporta une victoire en 1757. Il eft enfuite parlé des Chérufques comme d'une nation abatardie, & qui paroît foumife à une puiffance voifine, qu'on pourroit croire être les Cauques, dont les dépendances font portées dans Tacite jufqu'au territoire des Cattes. Les victoires de Germanicus ayant caufé la ruine des Chérufques, un peuple qui étoit limitrophe, les *Fofi*, eut part à la même difgrace. Les *Chaffuarii* méritent d'être cités, s'ils font le même peuple que les *Attuarii* dans la ligue des Francs. Un *Trophée* élevé par

Drusus, pere de Germanicus, sur le bord de l'Elbe en Turinge, signaloit le progrès des armes romaines en cette partie de la Germanie.

Mais, il faut se rapprocher du Rhin. Les *Sicambri* habitoient sur le côté méridional du cours de la Lipe. Pressés par des voisins puissans, qui étoient les Cattes, autrement les Suèves, comme ils sont nommés au sujet des *Ubii*, en faveur desquels César passa le Rhin à l'extrémité du territoire des *Treveri*, les Sicambres de même que les Ubiens furent reçus dans la Gaule, sur la rive gauche du Rhin, sous le règne d'Auguste; & on croit que le peuple qui dans cet emplacement porta le nom de *Gugerni* étoit Sicambre. Les *Tencteri* remontoient un peu plus haut que n'avoit été la demeure des Sicambres. Une nation supérieure en puissance aux précédentes étoit celle des *Catti*, qui par César sont appelés *Suevi*. Ils occupoient la Hesse jusqu'à la Sala dans la Turinge, & la

Wetéravie jusqu'au Mein. Entre autres circonstances qui relèvent le mérite de cette nation dans Tacite, la science de la guerre distingue les Cattes, indépendamment de la bravoure qui étoit commune aux nations Germaniques. Une place dont il est mention sous le nom de *Castellum*, conserve ce nom dans celui de Cassel. Il est parlé de *Mattium* comme de la capitale des Cattes, & on croit que cette ville est Marpurg. Quoiqu'on lise dans Tacite, que les Germains n'ont point de villes, parce qu'ils aiment à prendre leur demeure à l'écart les uns des autres, cependant il est naturel de croire, que dans chaque cité ou canton il y avoit quelque lieu principal d'habitations rassemblées. Le rapport du nom de *Mattium* à celui des *Mattiaci*, dont il faut parler, fait penser que ce lieu conviendroit à ce peuple, qui auroit fait partie du corps de la grande nation des Cattes, dont étoient sortis les *Batavi*, établis à l'extrémité de la Gaule. Une

F iv

alliance étroite uniſſoit les Mattiaques à l'Empire Romain. On remarque même qu'une partie de leur territoire, contiguë au Rhin & au Mein, étoit couverte & ſéparée du pays ultérieur par un *vallum*, ou retranchement, dont il ſubſiſte des veſtiges; & ſur le mont nommé *Taunus*, dont la crête règne depuis le bord du Rhin juſqu'au-deſſus de Francfort, un poſte avoit été fortifié par Druſus. Ce qu'on nomme aujourd'hui Wis-baden, au pied de ce mont, vis-à-vis de Maïence, repréſente les *Aquæ Mattiacæ*. De ce canton en remontant le Rhin, le cours de ce fleuve ne doit point être regardé comme une détermination abſolue de limites, dont le pays de l'obéiſſance romaine auroit été borné. On connoît un lieu romain du nom d'*Aquæ*, auquel répond la poſition de Baden au-delà du Rhin. Des Gaulois étoient entrés dans ces terres, ſur des limites indéciſes, & que l'émigration d'un peuple Germanique, les Marcomans, qui ſe portèrent sur la Bohême, avoient ouvertes entre le Rhin & les sources que prend le Danube au pied du mont *Abnoba*, qui est la montagne noire. C'est ce qu'on trouve dans Ptolémée désigné sous le nom de désert des Helvétiens; & ces terres ont été appelées *Decumates Agri*, parce qu'elles supportoient une imposition du dixième de leurs fruits. Plusieurs ont pensé, que les *Alemanni* sortirent du peuple des Décumates. Mais, en supposant que ces *Ale-manni* étoient composés de différens peuples, comme on pourroit l'inférer du nom qui les distinguoit, il est néanmoins vraisemblable, qu'ils étoient plus Germains & Suèves que Gaulois. Car, d'où viendroit le nom actuel de Suabe, qui est devenu propre à ce canton de l'Alemagne, quoique fort éloigné de l'ancienne & primitive Suévie, puisque le nom de *Suevi* dans son emploi le moins écarté tombe sur la nation des Cattes au-delà du Mein ? Quoi-qu'il en soit, il faut reconnoître,

F v

que la domination romaine s'étendoit dans ce qui a pris le nom de Suabe ; & cette extension fut même fixée dans ses limites & protégée par un mur sous le règne de Probus, embrassant environ soixante lieues du cours du Danube depuis ses sources, ce qu'on croit s'être maintenu jusqu'au tems de Dioclétien & de Maximien.

Les *Hermunduri*, nation puissante, & affectionnée au nom romain, s'étendoient ensuite depuis la rive du même fleuve jusque fort avant dans l'intérieur des terres, disputant aux Cattes la possession de la Sala, & de la saline qu'entretiennent les eaux de cette rivière dans la ville de Hall, & n'ayant pour borne que l'Elbe, par lequel les Hermundures étoient séparés d'une autre grande nation, dont il sera parlé dans la suite ; & on voit par cette situation que ce district étoit adossé à la Bohème. Plus bas sur la même rive du Danube, les *Narisci* succédoient aux Hermundures, & paroiffent refferrés par le *Boiohemum*. Dans ce nom de pays, celui du plus ancien peuple qu'on connoiffe pour l'avoir occupé, eft fuivi d'un terme de la langue Germanique qui fignifie habitation, demeure; & ce nom eft refté au même pays, en fubfiftant dans celui de Bohème, quoique les *Boii* y ayent fait place aux Marcomans, & ceux-ci à une nation Slavone ou Sarmate, qui l'habite actuellement, & même depuis long-tems. On connoît par Céfar des *Boii* affociés à la nation Helvétique, & les Helvétiens felon Tacite, s'étoient avancés jufqu'au Mein. Les *Marcomani* ou *Marcomanni*, & leur roi Maroboduus, voulant fe fouftraire au joug de la domination romaine, s'éloignèrent du Rhin & du Mein fous le règne d'Augufte, & enlevèrent aux Boïens le pays qui avoit pris leur nom, que le même peuple en évacuant ce pays a tranfporté dans ce qui s'eft appelé Boïoarie, Bayer, ou Bavière. Le plus reculé des peuples Germaniques fur le

F vj

Danube, entre les Marcomans & la nation Sarmate des Iaziges, les *Quadi*, qui figurent en plusieurs endroits de l'histoire, sur-tout du règne de Marc-Aurele, occupoient ce qu'on appelle la Moravie. Sous Tibère, des bandes de Germains, qui avoient suivi des princes chassés de leurs états, furent placés sur le Danube, entre les rivières de *Marus* & de *Cusus*, Morava, qui sépare la Moravie de la Hongrie, & Vag. L'établissement fait alors d'un roi de la nation des Quades, nommé Vannius, étendit cette nation, qui sous Marc-Aurele est citée comme ayant poussé ses limites jusqu'au fleuve *Granua*, ou le Gran, dont l'embouchure dans le Danube est sur la rive opposée à la ville de même nom, autrement appelée Strigonie.

L'intérieur de la Germanie peut être considéré sous le nom général de *Suevia*. C'est de-là que plusieurs nations Germaniques empruntent le nom de *Suevi*, sous lequel elles paroissent. La Suévie étoit partagée entre différents peuples, distingués les uns des autres. Les *Semnones* se disoient la plus ancienne & la plus noble des nations Suéviques, & s'étendoienr depuis l'Elbe jusqu'au-delà de l'Oder. Derrière les Marcomans & les Quades, selon que Tacite s'exprime, étoient les *Marsigni*, *Gothini*, *Osi*, *Burii*, ce qui range ces peuples vers l'Oder, au-dessus des Semnones. Il est parlé des *Lygii* comme d'une nation très-puissante, composée sous ce nom de plusieurs peuples, & dont la demeure, limitrophe des Sarmates, paroît avoir été sur la Warta qui tombe dans l'Oder, & sur la Vistule. Une ville que donne Ptolémée en ce canton, sous le nom de *Calisia*, se retrouve avec évidence dans celle de Kalitz, qui est Polonoise & frontière de la Silésie. Il étoit glorieux, dit Tacite, aux *Langobardi*, qu'il nomme à la suite des Semnones, & qu'on peut supposer placés sur la Sprée, qui communique avec l'Elbe, de se soutenir quoique peu nombreux, dans le voisinage de peuples beaucoup plus puissans. En voyant ces Lombards renfermés dans la Suévie, croira-t-on que ceux qui entrèrent en Italie avant la fin du sixième siècle, fussent originaires d'un pays que la mer Baltique sépare de la Germanie, selon ce qui est rapporté dans Paul-Diacre, qui néanmoins étoit Lombard de nation? Leur nom, qui selon cet historien signifioit longue barbe (*), pouvoit avoir été employé en différentes régions. Au-delà des Lygiens, selon Tacite, étoient les *Gothones*, qu'on a quelque notion d'avoir été près de la mer. Le nom des *Rugii* subsiste dans celui de Rugen-wald, que porte une ville maritime de la Poméranie ultérieure, de même que l'isle adjacente à la partie citérieure du même pays, se nomme Rugen. On croit trouver les *Varini* dans le Meklbourg; & tout ce qui approche de ce rivage, paroît avoir été compris sous le nom de

(*) *Ab intacta ferro barba longitudine.*

Vindili, le même que les Vandales ont rendu célebre, & auxquels étoient unis les *Burgundiones*, dont le nom se conserve en France dans les provinces de Bourgogne, qu'ils ont occupées. L'entrée de la Chersonèse Cimbrique, ou presqu'isle des Cimbres, ce qui répond à ce qu'on nomme le Holstein, contenoit deux nations, que leurs progrès ont fort illustrées, d'un côté les *Angli*, de l'autre les *Saxones*, & ceux-ci sur le rivage de la grande mer, mais bornés dans leur état primitif par la droite de l'embouchure de l'Elbe, quoiqu'actuellement le nom de Saxe, sous lequel la West-falie peut être comprise, s'étende ainsi du Rhin jusqu'à l'Oder. La grande émigration des Cimbres avoit réduit les restes de la nation à n'être plusieurs siècles après qu'une peuplade peu nombreuse, mais que le souvenir de l'ancienne gloire de cette nation rendoit respectable (*). On voit bien que *Chersonesus Cimbrica* est le

(*) *Parva nunc civitas, sed gloriâ ingens.* Tacite.

Danemark, dont la partie septentrionale demeurée aux *Cimbri*, a pris le nom de Jut-land de celui d'un peuple, qui n'est connu que postérieurement au terme dans lequel se renferme l'ancienne Géographie. Une flote romaine sous le commandement de Drusus, avoit poussé la découverte jusqu'à reconnoître la pointe qui termine cette terre, & nommée actuellement Skagen. Dans cette navigation, qui au rapport de Pline donna aux Romains la connoissance de vingt-trois isles, celles qui bordent la côte occidentale du Danemark, & dont la mer a couvert une partie, comme elle a pu entamer le rivage du continent voisin, devoient être de ce nombre. On voit dans Ptolémée trois isles des Saxons, un peu plus au nord que l'embouchure de l'Elbe. Tacite parle d'une isle de l'Océan, destinée par les peuples qu'il nomme dans cette partie du continent, à une cérémonie religieuse en l'honneur de *Hertha*, ou de la Déesse de la Terre. Quoique le sentiment de plusieurs ait été de rapporter cette isle à celle de Rugen, il y a plus de vraisemblance à la reconnoître dans Helgland, c'est-à-dire isle sainte, située au large de l'embouchure de l'Elbe, & dont il ne reste aujourd'hui qu'une éminence, la mer ayant couvert un terrain beaucoup plus spatieux dans les années 800 & 1300, ou environ. Nous aurions ainsi terminé la description de ce qui borne communément la Germanie, si dans les anciens la Scandinavie n'y paroissoit annexée, & ne demandoit pas un supplément sur ce qui la concerne.

SCANDINAVIA.

ELLE est aussi nommée par abbréviation *Scandia*, & dans les écrivains d'un tems postérieur on lit *Scanzia*. L'antiquité connoît encore un autre nom, qui est *Baltia*, remarquable par son rapport à celui de Mer Baltique, qui borde la Scandinavie. Cette mer baignant d'un autre côté le rivage de Germanie qu'occupoient des peuples Suèves, est appelée *Mare Suevicum* par Tacite. Dans d'autres auteurs, elle est distinguée comme un golfe particulier, sous le nom de *Sinus Codanus*. Les anciens n'avoient qu'une connoissance très-imparfaite de la Scandinavie, la croyant toute enveloppée de la mer, ou même un composé de plusieurs isles. La manière dont les isles du nom de Scandie sont figurées dans la carte dressée d'après Ptolémée, ne peut prendre quelque rapport au local, qu'en se bornant à l'extrémité méridionale de cette terre, qui dans le nom de Skane ou Scanie rappelle l'ancienne dénomination, & dont les isles Danoises, Seeland, Funen, sont l'accompagnement. Tacite, qui sans nommer la Scandinavie, parle de cette contrée comme étant environnée de l'Océan, qui forme des golfes spatieux, & embrasse des isles de grande étendue, l'adjuge à la Suévie, & y place deux nations. Ce qu'il rapporte des *Suiones*, qu'ils ont une marine & des flotes, paroît très-remarquable, quand on pense aux anciennes loix concernant la navigation, qui sont sorties de Wis-by dans l'isle de Gotland de la Mer Baltique. La contrée où l'on est conduit par Tacite, conserve le nom de *Sueonia* dans les écrivains du moyen-âge, en parlant précisément de la Suède. La nation nommée en second lieu, les *Sitones*, où le commandement étoit entre les mains d'une femme, paroît avoir habité la Norwege. Selon Pline, la partie de la Scandinavie qui seule fut connue, comme il s'en explique, étoit occupée par les *Hilleviones*, nation nombreuse. Entre divers noms de pays & de peuples, que rapporte Jornandès, on trouve Hallin, & ce qui est contigu à la province particulière de Skane, se nomme encore actuellement Hall-land. Quoique le nom propre d'une contrée principale dans l'ancienne Scandinavie soit celui de Gothie, & que selon les historiens des

Goths, *Scanzia insula* fut le berceau de cette illustre nation, il faut dire néanmoins qu'il n'y est fait aucune mention expresse de leur nom dans les écrivains Romains. Mais on pourroit conjecturer, qu'un peuple nommé *Gutæ* dans Ptolémée y auroit quelque rapport, en remarquant dans Jornandés, qu'une nation distinguée entre plusieurs autres de la même contrée, comme très-valeureuse & guerrière, étoit appelée *Gauti-Goth*.

Dans la croyance où l'on étoit, que ce qui compose le continent de la Scandinavie étoit partagé en plusieurs isles, on trouve en lisant Pline, les noms de *Bergon*, & de *Nerigon*, comme propres à des isles, de la première desquelles on s'embarque pour Thulé. Il est évident qu'il s'agit d'abord de Berghen, une des villes principales de la Norwege, ayant un port très-fréquenté; & le nom qui succede étant attribué à la plus grande de ces isles, est applicable au pays même, dont la dénomination propre & locale est Norge. Le *Sevo mons* du même auteur, qui le croit comparable à l'idée qu'on se faisoit des monts Riphées, ne sauroit être que la grande chaîne des montagnes de ce pays, & dont le nom générique de Fiell prend des noms particuliers en différents endroits. Mais, on reconnoît encore dans cette contrée celle de *Thule* décrite par Procope, & dont la dénomination se conserve dans un canton nommé Tele-mark. Il est constant que cet historien nous place dans la Scandinavie, en comprenant le peuple appelé *Scrito-Finni* dans Thulé. Ces Finois sont ainsi appelés, c'est-à-dire sauteurs selon Paul-Diacre, par la légéreté & vivacité de leur course sur la glace & les neiges, ayant des planchettes de bois sous les pieds. L'angle que forment les golfes de Bothnie & de Finlande, en se séparant de la Mer Baltique, donnoit l'apparence d'une grande isle particulière appelée *Finningia*. Tacite décrit la condition des *Fenni* ou *Finni* comme très-misérable, & celle des Finois de Thulé n'est guère meilleure dans Procope. Jornandés parlant de cette nation comme de la plus douce par caractère dans la Scanzie, on pourroit en faire l'application aux Lapons, dont autrement il n'est fait aucune mention. Ce qu'on lit dans les anciens sur la nature de la mer qui enveloppe le nord de ce continent, fait voir qu'elle leur étoit bien peu connue. Si les Cimbres la nommoient *Mori-marusa*, ou mer morte, au rapport de Pline, on trouve en effet la même signification de ces termes dans les langues septentrionales. Le *Rubeas promontorium*, cité dans le même auteur, comme étant avancé dans cette mer, ne paroît ainsi plus convenable qu'à ce qu'on appelle le Nord-Cap.

V.
RHÆTIA.
NORICUM
ET
PANNONIA.
ILLYRICUM.

En raſſemblant ces différentes contrées dans une même ſection, c'eſt remplir ce qu'il y a d'eſpace depuis la rive droite ou méridionale du Danube, juſqu'aux Alpes & juſqu'à la mer Hadriatique. Et pour que la diſtinction à faire entre chacune de ces parties, indépendantes les unes des autres, ne ſouffre point de ce qu'elles ſont ainſi raſſemblées, il eſt convenable d'en traiter ſous le titre qui appartient à chacune en particulier.

RHÆTIA.

Ce nom est aussi écrit *Rætia*, sans l'aspiration d'une orthographe greque; & à la Rhétie dans cet article sera jointe la Vindelicie. La Rhétie proprement dite occupe les Alpes, depuis la frontière du pays Helvétique de la Gaule, jusqu'à la Vénétie & aux limites du Noricum, dont elle est bornée vers l'orient. La Vindelicie lui reste au nord, & le plat-pays de la Gaule Cis-alpine vers le midi. En appliquant le nom de *Rhætia* au pays des Grisons, on n'embrasse ainsi qu'une partie de l'ancienne Rhétie. Les sources & le cours du Rhin, jusqu'à son entrée dans le lac qui prend communément le nom de la ville de Constance, le cours du fleuve *Œnus*, ou de l'Inn, depuis sa source jusqu'au point où il borne le Noricum, appartiennent à la Rhétie : & sur le penchant des Alpes qui

regarde

regarde le midi, c'est dans la Rhétie que *Ticinus*, ou le Tesin, *Addua*, ou l'Adda, *Athesis*, ou l'Adige, ont leurs sources & le commencement de leur cours. Quoiqu'il soit dit des *Rhœti*, qu'ils étoient une colonie des *Tusci*, ou Toscans, nation civilisée, établie dans le pays que des Gaulois vinrent envahir en Italie, ce peuple devenu sauvage dans les montagnes qu'il habitoit, & infestant la Gaule Cis-alpine, fut subjugué sous le règne d'Auguste par Drusus : & parce que les *Vindelici* avoient armé en faveur de leurs voisins, Tibère envoyé contre eux les réduisit également à l'obéissance. Cette double conquête forma une province, qui fut appelée Rhétie, comprenant la Vindélicie, sans en éteindre tout-à-fait la distinction. Mais, dans la multiplication que Dioclétien, & quelques empereurs après lui firent des provinces, la Rhétie fut partagée en deux, première & seconde Rhétie, ce qui faisoit reprendre à la Rhétie proprement

G

dite, & à la Vindélicie, leur état primitif de contrées distinctes l'une de l'autre.

D'un assez grand nombre de peuples particuliers cantonnés dans les montagnes, nous ne citerons que les principaux. On reconnoît les *Sarunetes* dans la position de Sargans, en resserrant les limites de l'Helvétie sur la gauche du cours du Rhin. Sur la droite, le nom de *Curia*, duquel se tire celui de la ville de Coire, désigneroit un lieu principal dans ce canton de la Rhétie, comme cette ville l'est encore chez les Grisons. Les *Lepontii* occupoient les hautes Alpes, d'où coulent le Rhin, le Rhône, le Tésin; & le nom de Leventina, qui distingue entre plusieurs vallées celle que parcourt le Tésin, est dérivé du nom de cette nation, laquelle d'un autre côté s'étendoit dans la Vallée Pennine, & tenoit *Oscela*, aujourd'hui Domo d'Osula. On reconnoît les *Focunates* dans le nom de Vogogna. La plus grande partie du *Lacus Verbanus*, qui est le Lac Majeur, paroît entrer dans les limites de la Rhétie. Il est parlé des *Vennones* comme étant situés au-dessus du *Lacus Larius*, ou lac de Come, en tirant vers le levant, ce qui paroît leur attribuer la Val-Telline. Le nom des *Camuni* se conserve dans le Val Camonica, près des sources du fleuve *Ollius*, ou Oglio. Sur les limites de la Vénétie, *Tridentum*, Trente, *Feltria*, Feltre, appartiennent à la Rhétie. Les *Brixentes* ont communiqué leur nom à la ville de Brixen, quoiqu'elle ne soit point connue dans l'antiquité, & qu'un lieu nommé *Sabio*, aujourd'hui Seben, & peu considérable, fût le principal de ce canton. Il est mention de *Terioli*, comme d'un poste militaire, & ce château dans la vallée où l'Adige prend sa source, a donné le nom au Tirol.

Il faut maintenant parler du pays des *Vindelici*, qui depuis la ville de *Brigantia*, ou Bregentz, sur le lac qui en prenoit le nom de *Brigantinus*, avant que d'être appelé lac de Constance, s'étendoit jusqu'au Danube ; & que la partie inférieure du cours de l'*Œnus*, ou de l'Inn, séparoit du Noricum. Une puissante colonie étoit établie dans l'angle formé par deux rivières, *Vindo* & *Licus*, dont il semble que la nation tirât son nom de *Vindelici* ; & celui d'*Augusta* donné à cette colonie, se conserve comme on sait dans celui d'Augsbourg, entre les deux rivières, Leck & Wertach, dont la première sépare actuellement la Suabe d'avec la Bavière. En faisant choix de quelques autres lieux, on citera *Cambodunum*, aujourd'hui Kempten. Une position distinguée sur une voie romaine, sous le nom de *Samulocenis*, conviendroit à Saulgen, qui est pareillement dans la Suabe. Sur le Danube, *Regina* conserve son nom dans celui de Regensburg, & ce nom lui vient de la rivière de Regen, que le fleuve reçoit sur la rive opposée à l'emplacement de cette ville, que notre usage est d'appeler Ratisbone. Plus bas, & sur une pointe de terre au confluent de l'Inn, la position de *Batava castra* est celle de Passau. Un lieu nommé *Pons Œni*, ou *Æni*, est placé par la direction d'une voie romaine au lieu nommé actuellement Muldorf. Il ne sauroit être pris pour Inspruk, comme le rapport de dénomination dans le langage germanique le feroit croire ; & si l'antiquité connoît une position qui soit applicable à Ins-pruk, c'est *Veldidena*, dont le nom se conserve dans un petit lieu contigu appelé Vilten.

NORICUM.

Il s'étendoit le long de la rive méridionale du Danube, depuis l'embouchure de l'Inn jusqu'au mont *Cetius*, qui s'enfonce dans un coude que forme le Danube peu au-dessus de la position de Vienne. Embrassant la partie supérieure du cours du *Dravus*, ou de la Drave, & comprenant ce qui compose aujourd'hui la Carinthie & la Styrie, c'est par le sommet des Alpes que le Noricum étoit borné vers le midi. Ce pays dont il est d'abord parlé comme ayant un roi, suivit le sort de la Pannonie, lorsqu'elle fut soumise, & le Noricum devint également une province sous le règne d'Auguste. Dans la suite, & par la multiplication des provinces, on distingua un *Noricum ripense*, adjacent au Danube, d'avec un *Noricum mediterraneum*, écarté du fleuve, & reculé vers les Alpes.

Pour parler ensuite des places les plus considérables, *Boio-durum* étant du Noricum, sans autre intervalle de *Batava Castra* en Vindélicie que le cours de l'Inn, sa position doit se rapporter à celle d'Inn-stat, vis-à-vis de Passau. Nous avons vu en traitant de la Germanie, que les *Boii*, auxquels les Marcomans enlevèrent la Bohème, occupèrent le pays qui prit le nom de Boïoarie; & ce pays qui fut plus étendu que ce qui conserve le nom de Bavière, descendoit le long du Danube, en comprenant la haute Autriche, jusqu'à la rivière d'Ens, dont le nom d'*Anisus* n'est point connu dans l'antiquité. *Lauriacum* paroît avec supériorité entre les places du Noricum, & une flotte romaine y étoit en station sur le Danube. Ce n'est plus aujourd'hui qu'un très-petit lieu sous le nom de Lorch, à la rive du fleuve, peu au-dessus du confluent de l'Ens. La ville actuellement principale sur cette rive, sçavoir Lentz, trouve son nom dans celui de *Lentia*. Une autre ville qui figuroit dans ce canton, *Ovilabis*, est Wels, sur le Traun, que reçoit le Danube entre Lentz & Lorch. Plus avant dans les terres, on sçait que *Juvavum* est Saltzbourg, sur une rivière dont le nom est Salza. En approchant de la Drave, la position de *Solua* se fait connoître par le nom d'un champ appelé Zol-feld ; & on peut croire que la ville aujourd'hui capi-

G iv

tale de la Carinthie, Clagenfurt, a profité de ce qu'une ancienne ville, qui en étoit peu éloignée, n'exiſte plus. *Virunum* prend enſuite ſon emplacement près de la Drave, & vers le lieu nommé Wolk-markt. Une poſition de *Noreia* eſt remarquable, en ce qu'il eſt dit qu'elle avoit été occupée par un corps de Boïens, qui eſt à diſtinguer du gros de la nation établi en Bohème, & d'un tems antérieur à l'invaſion des Marcomans, qui fit paſſer cette nation dans le Noricum. *Celeia* gardant ſa poſition dans celle de Cillei, eſt la plus reculée que nous ayons à citer en ce qui appartient au Noricum.

PANNONIA.

ELLE bordoit la rive droite du Danube, depuis la frontière du Noricum, juſqu'à l'embouchure de la Save, le pays qui eſt au-delà du fleuve étant occupé, depuis les limites de la nation Germanique des

Quades, par des Sarmates appelés Iaziges. Du côté méridional la Pannonie étoit bornée par la Dalmatie, comprise dans l'Illyricum. Elle recevoit la Drave à la sortie du Noricum, & renfermoit la plus grande partie du cours de la Save. Dans la guerre qu'Auguste, & ne portant encore que le nom d'Octavien, fit aux Iapydes & aux Dalmates de l'Illyricum, les armes romaines pénétrèrent jusque chez les Pannoniens; & ce fut Tibère chargé du commandement dans ces contrées, qui réduisit la Pannonie en province. Elle étoit divisée dès le tems des Antonins en supérieure & inférieure, & l'embouchure du fleuve *Arrabo*, ou Raab, dans le Danube, en faisoit la séparation, selon Ptolémée. Dans la suite on y employa les termes de première & seconde, comme dans les autres provinces de l'Empire. On en voit postérieurement une troisième, sous le nom de *Valeria*, entre la première & la seconde; & cette seconde occupant les rives de la

Drave & de la Save, être appelée *Savia*, ce qui donne actuellement à un canton de cette Panonnie le nom de Po-Savia, exprimant en Slavon la situation adjacente au cours de la Save. Entre divers peuples que l'on trouve nommés dans l'étendue de la Pannonie, les *Scordisci* & les *Taurisci* veulent être distingués. Gaulois d'origine, & écartés de leur ancienne demeure, comme les *Boii*, ils étoient séparés par le *Mons Claudius*, qui paroît s'étendre entre la Drave & la Save; & on sçait d'ailleurs que les Scordisques avoient pénétré fort avant dans la Mœsie, qui succede à la Pannonie sur la même rive droite du Danube.

La première des villes de la Pannonie supérieure, en suivant le Danube, & peu au-dessous du pied du *Mons Cetius*, appelé aujourd'hui Kalenberg; *Vindobona* est assez connue pour être Vienne. Mais, un peu plus bas, & à peu-près vis-à-vis de l'embouchure de la Morava, *Carnuntum* étoit la principale des places sur ce bord du Danube : & à l'égard de sa position, sur laquelle on varie entre un lieu nommé Petronel & celui de Haimbourg, un petit lieu intermédiaire paroîtroit indiquer un ancien emplacement par le nom qu'il porte d'Altenburg, ou de Vieux-bourg. La position *d'Arrabona* est évidemment celle de Raab, que les Hongrois appellent Javarin, où la rivière *d'Arrabo* se joint à un des canaux du Danube, qui partagé en plusieurs bras depuis l'embouchure de la Morava, les réunit un peu au-dessous de celle du Raab. Il faut faire mention de *Sabaria*, qui est Sarvar, en remontant le Raab, avant que de s'éloigner davantage de ce canton pour suivre le cours du Danube. La position de *Bregetio*, où une légion romaine étoit en quartier, paroît conserver des vestiges d'antiquité sur la rive du fleuve, dans un lieu remarquable d'ailleurs par le nom de Pannonie qui lui est donné dans quelques cartes. On ne voit point que l'emplacement actuel d'une ville distinguée aujourd'hui comme est Strigonie, soit celui de quelque lieu de l'antiquité qui soit à citer entre les plus considérables. Ainsi il faut passer à *Aquincum*, ou par contraction *Acincum*, dont le nom peut paroître dérivé des bains chauds, qui font donner à la ville de Bude le nom d'Ofen en langue Alemande. Et la rive opposée du Danube ayant été munie d'un poste romain appelé *Contra-Acincum*, c'est ce que représente encore le lieu nommé Pest, vis-à-vis de Bude. En tendant ensuite vers l'embouchure de la Drave, la position actuelle de Tolna paroît celle d'un lieu nommé *Altinum*. Plus bas, le nom de *Teutoburgium* désigne une peuplade Germanique. Et sur la rive ultérieure de la Drave, peu au-dessus de sa jonction avec le Danube, la position d'Essek est connue pour être celle de l'ancienne ville de *Mursa*. En continuant de suivre les bords du Danube, jusqu'à la Save, où se termine la Pannonie, un lieu qui étoit appelé *Bononia*, répond à la position d'Illok, *Acunum* à celle de Peter-Vardein, dans un coin formé par le fleuve, *Acimincum* à Slankemen ; enfin *Taurunum* n'étant point selon l'opinion vulgaire en même lieu que Belgrade, occupoit à quelques milles en deçà du confluent de la Save, le lieu devenu obscur sous le nom de Tzeruinka.

Il faut maintenant prendre le cours de la Save en remontant, pour terminer la Pannonie dans sa partie méridionale. L'union d'un petite rivière nommée *Bacuntius*, aujourd'hui Bozzent, avec la Save, détermine le lieu qu'occupoit la ville de *Sirmium*, qui sous des règnes postérieurs au siècle d'Auguste figure comme une des plus considérables de l'Empire. Et ce canton de Pannonie resserré entre le Danube & la Save, est encore appelé *Sirmia*. Au-dessous de Sirmium, on peut citer *Bassiana*, aujourd'hui Sabacs. Mais, ce qu'on apprend de la situation de *Cibalis*, à l'occasion de la défaite de Licinius par Constantin, se retrouve distinctement au-dessus de Sirmium, dans l'endroit dont le nom selon la forme qu'il a pris est Swilei. A la jonction du fleuve *Colapis*, ou Kulp, avec la Save, *Siscia* conserve sa position dans celle de Sisseg. Ajoutons à ces places celles de *Petovio* & de *Jovia*; la première sur la lisière du Noricum, & dont le nom s'est perpétué en celui de Petau; l'autre qui au confluent de la rivière de Muer dans la Drave, a pris un nom Slavon, qui est Legrad. On peut témoigner de la surprise qu'*Æmona* soit adjugée par quelques auteurs à la Pannonie, dont elle est séparée par la position de *Celeia*, qui la feroit paroître plus convenable au Noricum, & nous la verrons renfermée dans les limites de l'Italie.

ILLYRICUM.

Le nom d'*Illyricum* varie dans la finale, étant employé quelquefois sous la forme d'*Illyris*. L'ethnique, ou nom national est *Illyrii*; & il est commun en françois de dire l'Illyrie, quoiqu'*Illyria* n'ait été que peu ou point d'usage en latin. L'étendue du pays depuis les limites de l'Istrie, & le bord du petit fleuve *Arsia*, qui en fait la séparation, nous conduira le long de la Mer Adriatique, jusqu'à l'embouchure du *Drilo*, ou Drin, où nous nous arrêterons, quoiqu'au-delà & jusqu'à la Chaonie, sur les confins de l'Epire, qui fait partie de la Grece, le pays fut occupé par des nations Illyriques. Quant à des limites du côté de la Pannonie, qui borde le nord de l'Illyricum, on les trouve déterminées par plusieurs positions de lieu sous le nom de *Fines*, ce qu'il faut attribuer au gouvernement romain, sous lequel ces points de détermination se font remarquer en plusieurs des parties qui ont été soumises à cette puissance. Une chaîne de montagnes, prenant le nom d'*Albius mons*, à la suite des *Alpes Carnicæ* sur la frontière du Noricum, traverse l'Illyricum dans toute sa longueur d'occident en orient, jusqu'au mont *Scardus* de la Dardanie. Le *Colapis* sort de ces montagnes vers le nord, pour se rendre dans la Save en Pannonie. Vers le midi, *Titius*, *Nestus*, *Naro*, ont leur cours vers la Mer Adriatique. La côte le long de cette mer, est couverte d'un grand nombre d'isles, & il sera fait mention des plus considérables.

Il est parlé des nations Illyriques dans les premiers tems comme d'un peuple sauvage, qui s'imprimoit des marques sur la peau, comme les Thraces; & la piraterie qu'il exerçoit fournit aux Romains une première occasion d'armer contre ce peuple, plus de deux cens ans avant l'Ere chrétienne, quoique l'entière soumission de tout le pays n'ait été achevée que par Tibère, vers la fin du règne d'Auguste. Deux provinces particulières s'y font distinguer, l'une en remontant la Mer Adriatique, sous le nom de *Liburnia*, l'autre plus célèbre, & dont le nom de *Dalmatia* s'est conservé. Une partie de la Liburnie, limitrophe de l'Istrie, & sous le mont *Albius*, ce qu'on nomme Murlaka dans l'étendue de la Croatie, étoit occupé par les *Iapydes*. On peut citer sur le rivage de la mer *Flanona*, ou Fianona, *Tarsatica*, Tersatz près de Fiumé, *Senia*, ou Segna. L'emplacement de *Metulum*, ville principale des Iapydes, au siége de laquelle on voit dans l'histoire qu'Auguste n'étant encore que Triumvir, fit preuve de bravoure & d'intrépidité, n'est point une position inconnue, quand on découvre le lieu nommé *Metuc vetus* dans la contrée de Licka, entre les montagnes qu'habitoient les Iapydes. A cette nation succédoient les

Liburni, jusqu'au fleuve *Titius*. Dans ce territoire, *Jadera* est la ville du premier rang, comme Zara le tient encore aujourd'hui sous le titre de Comté. On peut y ajouter *Ænona*, ou Nona, & *Blandona* dans le lieu actuellement nommé Zara Vecchia.

En Dalmatie, au-delà du fleuve *Titius*, nommé aujourd'hui Kerca, on distingue deux nations principales, *Autariatæ* & *Ardyæi*. La première avoit antérieurement étendu sa puissance fort au-delà de ses limites, & c'est avec la seconde que les Romains ont commencé d'avoir la guerre dans ce continent. *Scardona*, conserve purement son nom à la droite du Titius, & le nom de *Tragurium* est aujourd'hui Trau. Mais la plus considérable des villes en cette contrée, & que la retraite de Dioclétien a illustrée, étoit *Salona*, dont le nom subsiste dans ce qu'il reste de vestiges de cette ville. Spalato, qui domine aujourd'hui dans le voisinage, tire son nom d'*Aspa-*

lathos, qui ne paroît, comme il eſt à propos d'en avertir, que dans un tems poſtérieur à ce qu'on appelle proprement celui de l'antiquité. La deſcription d'une place forte nommée *Andetrium*, convient préciſément à la ſituation que garde la fortereſſe de Cliſſa, dans la montagne peu diſtante de Salone vers le nord. *Epetium* eſt réduit à un petit lieu appelé Viſcio près du Château d'Almiſſa. Le nom de Colonia que conſerve un lieu reculé dans les terres, nous indique la poſition d'*Æquum colonia*. Entre les villes principales de l'ancienne Dalmatie, *Narona* eſt enſevelie dans ſes ruines, à quelque diſtance de la rive droite du fleuve *Naro*, dont le nom aujourd'hui eſt Narenta. La poſition d'une grande ville de l'intérieur, *Delminium*, du nom de laquelle on croyoit que s'étoit formé le nom des Dalmates & de la Dalmatie, mais qui fut fort maltraitée par un général Romain, n'eſt point connue préciſément. S'il y a une figure de péninſule bien décidée sur la côte Illyrique, & à laquelle le nom de *Hyllis* mérite d'être appliqué, c'est celle qu'on nomme aujourd'hui Sabioncello. Raguse qui vient ensuite étant une ville du bas-Empire, c'est un peu au-delà dans le lieu nommé vulgairement Ragusi vecchio, qu'existoit *Epidaurus*. Il faut citer successivement *Rhizinium*, *Butua*, *Olcinium*, Risano, Budua, Dulcigno. Les riverains du lac *Labeatis*, étoient distingués par le nom de *Labeates*; & à l'issue de ce lac, la ville de *Scodra* subsiste, étant appelée Scutari, autrement Iscodar selon l'usage des Turcs, à qui l'on sçait que le pays qui a pris le nom d'Albanie obéit. La dernière place dont nous croyons devoir faire mention, *Lissus*, peu au-dessus de l'embouchure du *Drilo*, sur la droite en montant, se fait connoître actuellement par le nom d'Alesso, qui vient de ce que dans le bas-Empire on a dit *Elissus*. Sous les empereurs Grecs, cette place & la précédente sont adjugées à une province particulière, appelée *Prævalitana*, tout-à-fait étrangère aux tems antérieurs, & comprise dans l'étendue d'un département formé sous le titre d'*Illyricum Orientis*, lequel n'étoit borné que par le Pont-Euxin, & n'avoit ainsi aucun rapport aux notions convenables à l'état primitif & national que donne l'ancienne Géographie.

Il nous reste à parler des isles adjacentes à la côte Illyrique. Le nom d'*Absyrtides*, dans lequel quelques anciens ont imaginé de voir celui d'Absyrthus, frere de Médée, paroît avoir regardé collectivement plusieurs de ces isles. Un golfe dont le nom de *Flanaticus* pourroit être emprunté de *Flanona*, qui dans l'ordre des villes maritimes a été citée en premier lieu, les renferme. *Crepsa* & *Apsorus*, sont Cherso, & Ossero; & comme *Arba* conserve le nom d'Arbé, *Curicta* doit se rapporter à Veglia. *Cissa* a pris le nom de Pago du lieu principal de cette isle, qui comme les deux précédentes, n'est séparée que par un canal étroit de la terre des Iapydes. Le nom de *Scardona* comme d'une isle couchée devant la position de *Jadera*, ne peut s'appliquer plus convenablement qu'à l'Isola Grossa. *Issa*, ou comme on dit aujourd'hui Lissa, située plus au large, & peu considérable par son étendue, figure néanmoins dans l'histoire de la première guerre des Romains en Illyricum. *Pharus*, qui surpasse les autres isles en grandeur, est désignée actuellement par le nom du lieu principal existant, qui est Lesina. Le nom de *Brattia* se prononce Brazza ; & on reconnoît celui de *Corcyra* dans la dénomination actuelle de Curzola. Le surnom de *Nigra*, ou de Noire, en faisoit la distinction d'avec l'isle plus considérable de même nom, adjacente au rivage de l'Epire. Enfin, *Melite*, aujourd'hui *Meleda*, à la suite de Curzola, est la dernière des isles dont la côte de Dalmatie soit couverte.

VI.

ITALIA.

Il n'y a point d'idée plus familière sur l'Italie, que l'illustration qu'elle tire d'avoir dominé sur une partie considérable de l'ancien Monde, après avoir été le berceau de la grandeur Romaine. On la trouve appelée *Hesperia* par les Grecs, comme étant occidentale à leur égard. D'autres noms, *Œnotria*, *Ausonia*, sont empruntés de nations, dont la haute antiquité nous dérobe toute connoissance particulière. Le nom d'*Italia* viendroit, selon quelques auteurs, d'un chef nommé Italus, qui n'est point connu. Ce nom appartenoit proprement à la partie la plus resserrée entre les deux mers, par distinction de ce qui est compris d'une manière plus générale sous le nom d'Italie, en se portant jusqu'aux Alpes, qui enveloppent l'extension qui lui est ainsi donnée. Les mers dont elle est bordée ont été distinguées entre elles par les noms de *Mare Superum*, & de *Mare Inferum*, de supérieure & d'inférieure. La première s'étendant obliquement par quelque déclinaison de l'est vers le sud, tiroit en même tems d'une ville voisine nommée *Hadria*, le nom de *Mare Hadriaticum*, de même que Venise donne aujourd'hui le nom à ce golfe. Une nation très-illustre, celle des *Tusci*, appelés *Tyrrheni* par les Grecs, communiquoit à la mer inférieure le nom de *Tuscum*, ou de *Tyrrhenum*. L'extrémité de l'Italie étant comme les côtés baignée par la mer qui est adjacente au continent de la Grece, le nom de *Mare Ionium*, c'est-à-dire de Mer Grèque, distinguoit cet espace de mer d'avec la supérieure, que le talon de la botte, à laquelle se compare la figure de l'Italie, terminoit.

Il doit résulter de l'observation qui a été faite sous le nom propre d'*Italia*, comme n'étant pas aussi étroitement convenable à une des parties du pays comme à l'autre, que pour traiter ce sujet il est à propos de le diviser en deux articles séparés. Et en procédant d'occident en orient, l'accession faite à l'Italie vers les Alpes, & ce qu'il est assez d'usage actuellement de désigner par le nom de Lombardie, précédera l'Italie proprement dite. Les établissemens que des nations Gauloises y formèrent, ont étendu à toute cette partie le nom de Gaule, avec le surnom de Cis-alpine (ou deçà les Alpes) eu égard à sa situation par rapport à l'Italie. Mais, avant que de s'y renfermer, il faut s'expliquer sur ce qu'un coup d'œil général fait voir être commun à l'une & à l'autre région du même continent, & il en est ainsi de l'Apennin. En se détachant des Alpes dans le voisinage de la mer inférieure, cette chaîne de montagnes suit de près

H

le rivage de cette mer, jusqu'au point où quittant la Gaule Cisalpine, elle s'approche de la mer supérieure. De-là traversant toute la longueur de l'Italie plus également vers le milieu de sa largeur, elle se partage en deux branches, dont l'une atteint l'extrémité du pied de la botte, l'autre le talon, mais plus en collines qu'en montagnes vers les extrémités. Les trois isles, Sicile, Corse & Sardeigne, seront un supplément à ce que renferme le continent de l'Italie.

GALLIA CISALPINA.

Elle s'étend depuis le penchant des Alpes qui regarde l'orient jusqu'au rivage qui borne la Mer Adriatique, ou supérieure. Les nations Rhétiques établies dans les Alpes resserroient la Cisalpine du côté du nord, & le *Sinus Ligusticus*, appelé aujourd'hui Golfe de Gênes, borde la partie méridionale de ce continent. Un courant d'eau célèbre sous le nom de *Rubico*, qui formé de trois ruisseaux est nommé à son embouchure Fiumesino, en faisoit la séparation d'avec l'Italie proprement dite sur le bord de la mer supérieure, & un petit fleuve nommé *Macra*, sur la mer inférieure. La Gaule Cisalpine étoit aussi appelée *Togata*, parce que les peuples y avoient été gratifiés du privilége de porter la Toge romaine. Le plus grand des fleuves de toute l'Italie, *Padus*, le Pô, sorti des Alpes, traverse la longueur du plat-pays d'occident en orient, pour se rendre dans la Mer Adriatique par plusieurs embouchures ; & son cours donne quelquefois lieu à une distinction de régions, Cispadane & Transpadane, deçà & delà le Pô par rapport à l'Italie. Un grand nombre de rivières, y vont porter leurs eaux : & les principales sur la rive septentrionale, & tirant également leur origine des Alpes, sont *Duria minor & major*, Doria Riparia & Baltea, *Sessites*, la Sesia, *Ticinus*, le Tésin, *Addua*, l'Adda, *Ollius*, l'Oglio, qui traverse un lac nommé autrefois *Sevinus*, aujourd'hui lac d'Iseo. Le *Mincius*, ou Mincio, qui sort du *Benacus*, ou lac de Garde, peut y être ajouté. Sur la rive méridionale, qui est celle de la droite, *Tanarus*, ou Tanaro, descendant de l'Apennin, ainsi que *Trebia*, qui conserve ce nom, *Tarus*, ou Taro, *Scultenna*, qui vers le bas de son cours prend le nom de Panaro, enfin *Rhenus*, ou Reno, que le Triumvirat formé dans une isle de cette rivière distingue dans l'histoire, sont aussi les rivières à citer comme principales.

Le pays où des nations Celtiques, en passant les Alpes, vinrent s'établir, étoit occupé par les *Tusci*, ou Toscans, qui dans leur état primitif n'étoient point bornés aux limites de ce qui conserve leur nom en Italie. On lit dans Tite-Live, qu'ayant été vaincus près du Tésin par les Gaulois, ceux-ci fondèrent *Mediolanum*, ou Milan, dans le territoire des *Insubres*, dont le nom étoit celui d'un canton dépendant selon César de la cité des *Ædui*, ou d'Autun; & cet événement est rapporté dans l'histoire au tems que Tarquin l'ancien régnoit à Rome, c'est-à-dire environ 600 ans avant l'Ere chrétienne. En voulant parcourir la Cisalpine, les *Taurini* se présentent à la descente des Alpes, comme Annibal passant en Italie, les y rencontra. Leur capitale, près du confluent de la Doria Riparia dans le Pô, prit le nom d'*Augusta*, qu'elle a changé pour celui du peuple, selon ce qui a été presque général dans les cités de la Gaule, & de-là est dérivé le nom de Turin, qui chez les Italiens est Torino. Mais, au pied des Alpes mêmes, en remontant la Doria, il faut connoître *Segusio*, ou Suse, comme ayant été la résidence d'un prince, nommé Cottius, qui par une faveur d'Auguste, fut maintenu en possession de régner sur un assez grand nombre de petits peuples cantonnés dans les montagnes, & dont l'État plus étendu en

Gaule que dans la Cisalpine, ne fut uni à l'Empire que sous Néron. On peut faire mention d'*Ocelum*, aujourd'hui Usseau, sur un passage donnant également entrée dans la Cisalpine, au midi de Suse. Dans une vallée profonde, couverte de l'*Alpis Pennina*, & de l'*Alpis Graia*, de l'Alpe Pennine & de l'Alpe Greque, ou du Grand & du Petit Saint Bernard, qu'occupoient les *Salassi*, une colonie de Prétoriens établie sous le règne d'Auguste, prit le nom d'*Augusta Prætoria*, & celui d'Aouste est resté à cette ville. On lit des *Libici*, qui habitoient dans le plat-pays, qu'ils étoient sortis des *Salyes*, dont il est fait mention en Gaule comme d'une nation Ligurienne. Des villes à citer sont, *Eporedia*, ou Ivrée, sur la Doria Baltea qui sort de la Val d'Aouste, *Vercellæ*, ou Verceil près de la Sesia, *Novaria*, Novare, *Lumellum*, qui a donné le nom à la Lumelline. En approchant de *Mediolanum*, & dans le cantton des *Insubres* dont il a été parlé, le nom de *Raudii Campi*, mémorable par la grande victoire de Marius sur les Cimbres, se fait connoître dans celui d'un lieu actuel appelé Rhô. *Ticinum*, peu au-dessus de l'embouchure du Tésin dans le Pô, ayant pris postérieurement le nom de *Papia*, est Pavie. Nous avons parlé de Milan. *Laus Pompeia*, est le Lodi vecchio. Plus avant, & dans le canton où la nation Gauloise des *Cenomani* (ou du Mans) avoit pris établissement, *Cremona*, *Brixia*, *Mantua*, sont assez connues pour être Crémone près du Pô, Brescia, Mantoue ; & on sait combien cette dernière, située dans un lac formé par le Mincio, tire de distinction d'avoir été la patrie de Virgile. Sur la frontière de la Rhétie, on fera mention de *Bergomum*, ou Bergamo, & de *Comum*, qui tenant au lac nommé autrefois *Larius*, & duquel sort l'Adda, le fait appeler aujourd'hui le lac de Come. Pline l'ancien, & Pline le jeune, neveu du premier, rendent cette ville recommandable par leur naissance.

En passant au midi du Pô, on trouve une partie de la Cisalpine comme une contrée séparée sous le nom de *Liguria.* Les *Taurini* sur la rive antérieure du fleuve, étoient même réputés Ligures. On a vu des peuples Liguriens s'étendre dans la Gaule entre les Alpes & le Rhône. Et cette grande nation n'étant point bornée par le fleuve *Macra*, qui limitoit la Cisalpine, atteignoit les rives de l'Arno, sur le penchant de l'Apennin. Vers l'endroit où cette chaîne de montagnes se détache des Alpes, les *Vagienni* occupoient la pente qui regarde le nord, comme le nom de Viozenna subsistant en ce canton, le fait connoître; & l'emplacement de leur capitale, appelée *Augusta*, est celui d'un lieu devenu obscur sous le nom de Vico, près de Mondovi. Viennent ensuite, & en même situation, les *Statielli*, & le lieu d'*Aquæ Statiellæ* subsiste sous le nom d'Aqui. *Alba Pompeia* & *Asta* conservent leurs positions dans celles d'Alba & d'Asti sur le Tanaro ; & un petit lieu nommé Polenza indique *Pollentia*. Une ville à laquelle le nom d'*Induſtria* fut donné, mais appelée par les nationaux *Bodencomagus*, d'un nom formé ſur celui de *Bodincus*, que l'on donnoit au Pô, n'eſt point Caſal, comme on l'eſtimoit avant que des veſtiges de cette ville euſſent été découverts ſur la même rive du fleuve, mais beaucoup plus près de Turin. Le *Forum Fulvii* eſt connu par le ſurnom de *Valentinum* pour être Valence, au-deſſous de Caſal. Le nom de *Dertona* ſouffre peu d'altération dans celui de Tortone, & on démêle *Iria* dans Voghera, au paſſage d'une petite rivière de même nom. Sur le rivage de la mer, en partant de la frontière de la Gaule, on trouve deux peuples, *Intemelii*, & *Ingauni*; & leurs villes, appelées *Albium Intemelium*, & *Albium Ingaunum*, ſont Ventimille & Albingue. *Vada Sabatia*, aujourd'hui Vai, eſt un lieu plus connu dans l'antiquité que Savone ſur la même

H v

côte. On sçait que vers le sommet de l'anse formée par le golfe qui du nom des Ligures étoit appelé Ligustique, *Genua*, Gènes, domine sur ce golfe, & le fait appeler le Golfe de Gènes. Du nom de *Segeste*, s'est formé celui de Sestri. A l'extrémité de ce rivage de Ligurie, que l'usage actuel est d'appeler Rivière de Gènes, *Portus Veneris* conservant le nom de Porto-Venere, se fait remarquer à l'entrée d'un enfoncement de mer que la ville de *Luna*, située sur la rive ultérieure du fleuve Macra, faisoit appeler *Portus Lunensis*, & qu'on appelle aujourd'hui Golfe de la Spetia. Le nom de *Briniates*, comme d'un peuple, subsiste dans celui de Brugneto, à quelque distance de la mer : & enfin on est instruit qu'une ville du nom d'*Apua*, qui faisoit distinguer des Ligures par le nom d'*Apuani*, n'a paru dérobée à notre connoissance, que parce qu'elle est cachée sous le nom de Pontremoli.

Ce qui reste de la Cisalpine, sur la

rive méridionale du Pô, étoit Gaulois, & non Ligure. Des *Boii*, dont le nom s'est aussi répandu en Germanie, dans le Noricum, la Pannonie, l'Illyricum, & des *Lingones* également Celtes, & sortis du territoire de Langres, étant arrivés dans la Cisalpine plus tard que d'autres Gaulois déja établis dans ce qui est appelé Transpadane, passerent le fleuve, & enlevèrent aux Toscans les terres situées au nord de l'Apennin. Les premiers se cantonnèrent vers les montagnes, les autres vers le bas du fleuve & près de la mer. Il est aussi mention d'un autre peuple sous le nom d'*Ananes* ou *Anamani*. Les *Senones*, ou ceux de Sens, arrivant les derniers, & ayant entamé l'Umbrie, sortent ainsi des limites qui distinguent la Cisalpine d'avec l'Italie proprement dite. Dans un tems postérieur, ces contrées furent appelées *Flaminia*, & *Æmilia*, du nom que portoient des voies romaines, par la première desquelles on y arrivoit, & que

H vj

la seconde traversoit à l'issue de cette première.

Il ne se présente point de villes dans l'ordre que nous devons suivre avant *Placentia*, Plaisance, sur le bord du Pô, près de l'embouchure de la Trebia, que la première des victoires d'Annibal sur les Romains a rendue célèbre. On a déterré depuis quelques années en ce canton les vestiges d'une ville, dont le nom étoit *Veleia*. En suivant la voie Emilienne au-delà de Plaisance, on trouve *Florentia* appelée par un diminutif Fiorenzuola, *Fidentia*, aujourd'hui Borgo di san-Donino, *Parma*, à la jonction d'une rivière de même nom avec le Taro. Nous remarquerons volontiers, en nous écartant un peu sur la droite, que le *Forum novum* est Fornove, où la valeur des François se fit connoître dans le retour de Charles VIII de son entreprise sur le royaume de Naples. Mais, en reprenant la trace de la même voie, *Regium Lepidi* (en sous-entendant *Æmilii*) est Regio,

Mutina, Modene, *Bononia*, Bologne, qui avant les Gaulois, & sous les Toscans avoit porté le nom de *Felsina*. Viennent ensuite *Forum Cornelii*, aujourd'hui Imola, *Faventia*, Faenza, *Forum Livii*, Forli, & *Cesena*, qui conserve son nom sous la même forme. On peut citer *Brixellium*, Bresello, près de l'entrée du Taro dans le Pô. On estime que *Forum Allieni* pouvoit avoir existé dans l'emplacement de Ferrare. Mais, la plus célèbre des villes en cette partie de la Cisalpine, est *Ravenna*, dans le fond du Golfe Adriatique, & qui après avoir servi de résidence à des empereurs d'Occident, pendant que Rome étoit occupée par des barbares, fut celle d'un gouverneur établi sous le titre d'Exarque par les empereurs d'Orient, qui du tems de la domination des Lombards en Italie, furent en possession de ce qu'on appelle la Romagne. Auguste avoit fait creuser un port près de Ravenne, pour y tenir en station une flotte sur la Mer supérieure, comme il y en avoit une à Misene dans le voisinage de Naples, sur la Mer inférieure. La mer en s'éloignant de son ancien rivage à Ravenne, a laissé dans les terres le lieu où ce port existoit, & qui néanmoins conserve le nom de Classé. Il faut maintenant parler des bouches du Pô. La plus voisine de Ravenne tiroit d'une très-ancienne ville fondée par des Grecs, nommée *Spina*, le nom de *Spineticum ostium*. On lui appliquoit aussi spécialement le nom d'*Eridanus*, sous lequel le Pô est quelquefois désigné. Le canal qui s'y rendoit se nommoit *Padusa*. Et de l'endroit où la ville de Ferrare est située il s'en séparoit un canal nommé *Volana*, qui conserve ce nom, & le donne à son embouchure. Le principal des bras du Pô, & le plus septentrional, n'arrivoit à la mer qu'en se divisant en plusieurs canaux, dont l'issue dans la mer étoit appelée *Septem maria*, les sept mers.

Il nous reste un canton de pays com-

compris dans la Cisalpine, sous le nom de *Venetia*. L'opinion commune sur les *Veneti* de ce canton, vouloit qu'ils fussent venus d'Asie, sous la conduite d'Anténor, après la ruine de Troie. Et ils étoient en possession de ce qui enveloppe en partie le fond du Golfe Adriatique, dans un tems antérieur à la fondation de Rome, & pendant que les Toscans s'étendoient dans la Transpadane. La plus grande des rivières de la Vénétie est *Athesis*, ou l'Adige, qui sort de la Rhétie, ainsi que *Medoacus*, qui a pris le nom de Brenta, & *Plavis*, ou Piavé. Le *Tajamentus*, ou Tagliamento, *Sontius*, ou Lisonzo, descendent des Alpes, distinguées en cette partie par le nom de *Carnicæ*, ou Carniques, & qui séparent la Vénétie d'avec le Noricum. La première ville qui se présente est *Hadria*, dont le nom se lit aussi *Atria*. Elle est attribuée aux anciens Toscans, & elle conserve le nom d'Adria. Il est parlé de *Patavium*, ou Padoue, comme de la plus illustre des villes de ce canton, & ce qui lui fait le plus d'honneur c'est d'avoir donné la naissance à Tite-Live. Il n'est point question de Venise comme d'une ville dans l'antiquité, mais seulement d'un port appelé *Venetus*. On sçait que l'entrée d'Attila en Italie, & la ruine de plusieurs villes ayant répandu la terreur dans la contrée, une multitude réfugiée dans les Lagunes qui bordent le rivage, forma les commencemens d'une ville, que sa situation dans la mer & les accroissemens de sa puissance ont fort distinguée. *Ateste*, aujourd'hui Est, & *Vicentia*, Vicence, sont dans le voisinage de Padoue. *Verona*, ville considérable, & patrie du poëte Catulle, est assise sur l'Adige. Des vestiges d'*Altinum* conservent le nom d'Altino. *Tarvisium* est Trévise, *Opitergium* est Oderzo, & le nom de *Concordia* subsiste dans le lieu qu'occupoit cette ville. Mais, sans aller plus loin, il faut parler des *Euganei*, dont il est dit qu'ils habitoient le pays voisin de la mer, avant qu'il leur fût enlevé par les Vénetes, ce qui les avoit apparemment obligés de s'enfoncer dans les terres, & d'habiter les montagnes qui faisoient partie de la Rhétie, où on les trouve établis postérieurement.

Une autre nation, celle des *Carni*, occupoit le nord de la Vénétie, au pied des montagnes qui du nom de cette nation étoient appelées Alpes Carniques; & le même nom subsiste dans ce qu'on appelle aujourd'hui la Carniole, quoique plus resserré dans ses limites qu'il ne l'étoit en occupant une partie de la Vénétie. On retrouve l'emplacement d'une ville située au pied des montagnes, & nommée *Julium Carnicum*, dans le nom de Zuglio, qui n'est plus que celui d'un lieu obscur, & ces montagnes étoient appelées *Alpes Juliæ*, de même que *Carnicæ*. *Forum Julii* se soutient dans Ciudal di Friuli, & on connoît une province entière sous le nom de Frioul. *Vedinum* est Udine. Mais, la ville qui fut autrefois la plus considérable en ce canton, est *Aquileia*, ou Aquilée, peu loin de la mer & du Lisonzo. Colonie fondée pour servir de boulevard à la Cisalpine, dans un tems où les provinces ultérieures n'étoient point encore soumises, cette ville ne s'est point relevée de sa destruction par Attila. Au-delà d'Aquilée, un petit fleuve qui rencontre la mer à peu de distance de plusieurs sources dont il sort, est célèbre dans l'antiquité sous le nom de *Timavus*, aujourd'hui Timao. *Tergeste*, ou Trieste, dans le fond d'un golfe qui en tiroit le nom de *Tergestinus*, étoit la dernière ville de l'Italie, avant que l'Istrie, *Histria*, y fût jointe, en ôtant cette petite province aux anciennes dépendances de l'Illyricum, ce qui paroît devoir se rapporter au règne d'Auguste. Par cet accroissement, la petite rivière d'*Arsia*, qui n'a point changé de nom, servit de limite à l'Italie. Une ville qui a pris le nom de Capo d'Iſtria, ſe nommoit autrefois *Ægida*. *Parentium* conſerve ſon nom en celui de Parenzo. Mais la principale des villes de l'Iſtrie étoit *Pola*, dont le nom eſt le même dans ſa ſituation au fond d'une anſe aſſez profonde. Une autre acceſſion qu'une diſtribution de provinces impériales peut avoir fait à l'Italie, paſſe les Alpes Carniques, & leur penchant qui du nord décline vers l'orient. Elle s'étend dans ce qui conſerve le nom national de *Carni* en celui de Carniole, & comprend *Æmona*, qui a pris le nom de Laybach. Un lieu de quelque célébrité ſous le nom de *Nauportus*, & au pied des montagnes, eſt aujourd'hui appelé le haut Laybach, empruntant de même que la ville de ce nom, celui d'une rivière, qui ſe rend dans la Save.

ITALIA.

La contrée où se maintinrent les *Tusci*, après avoir perdu ce qu'ils occupoient au-delà des limites de l'Italie proprement dite, est la première qui se présente dans ces limites. Et cette nation, qui y est connue plus particulièrement sous le nom d'*Etrusci*, donnoit le nom d'*Etruria* à tout ce que borde la rive occidentale du Tibre, depuis sa source dans l'Apennin jusqu'à la mer. L'opinion commune vouloit, que les Etrusques, nommés *Tyrrheni* par les Grecs, fussent originaires des Méoniens de la Lydie dans ce qu'on appelle communément Asie mineure. Ils se distinguoient dans les arts, en un tems où ils étoient peu connus chez leurs voisins; & on sçait qu'une autre science frivole, celle des augures, leur étoit particulière. Le pays s'étendant le long de la mer depuis la

Macra jufqu'à l'embouchure du Tibre, eft borné au nord par l'Apennin, comme par le Tibre vers l'orient. La plus grande des rivières qu'il renferme, *Arnus*, ou l'Arno, tend vers le couchant pour fe rendre dans la mer. On peut citer *Umbro*, ou l'Ombrone, que la mer reçoit auffi, & *Clanis*, ou la Chiaea, qui tombe dans le Tibre.

Le pied des montagnes étoit peuplé de Ligures, diftingués par le nom de *Magelli*, que l'on reconnoît dans celui de Mugello, qui eft refté à une vallée au nord de Florence. La nation, ou le corps politique des Etrufques, renfermant douze peuples, auxquels des villes donnoient le nom, on remarque que ces villes font écartées de l'Arno, fi l'on excepte Arezzo, qui s'en approche. Il n'exifte de *Luna*, à l'entrée du pays & fur le bord de la Macra, que quelques veftiges, & le nom de Lunegiano dans les environs. *Luca*, Luque, *Pifæ*, Pife, *Piftoria*, Piftoie, & *Florentia*, Florence, qui est située vers le haut de l'Arno, comme Pise vers son embouchure, ne paroissent point du nombre des anciennes cités Etrusques; & *Sena Julia*, ou Sienne, presque au centre de l'Etrurie, est d'un tems postérieur. Mais, *Arretium*, Arezzo, *Cortona*, Cortone, *Perusia*, Pérouse, *Clusium*, Chiusi, dans un même canton de l'Etrurie vers l'orient, sont du nombre de ces cités. Le *Trasimenus Lacus*, que la défaite des Romains par Annibal a rendu célèbre, étant enclavé dans le Pérugin, se nomme Lago di Perugia. En tournant vers la mer, il faut faire mention de Livourne sous l'ancienne dénomination de *Portus Herculis Labronis*, ou *Liburni*. *Volaterræ*, qui tient une place entre les cités Etrusques, est Volterra dans l'intérieur en tirant vers Sienne. En se rapprochant de la mer, une ville qui avoit tenu un rang distingué entre les cités Etrusques, & de laquelle Rome dans les premiers tems de la République, avoit emprunté tout l'appareil extérieur de la Magiſtrature; *Ve-tulonii*, n'a point laiſſé de veſtiges qui ſoient bien connus. On connoît plus préciſément ceux de *Populonium*, ſur une pointe qui regarde l'iſle, dont le nom d'*Ilva* ſe prononce Elbe, & célèbre autrefois par ſes mines de fer. *Ruſellæ*, entre les cités Etruſques, ſe fait connoître par le nom de Roſelle que portent ſes veſtiges. Il en eſt de même de *Coſa*, près du lac d'Orbitelle. Mais, le *Portus Herculis*, ſurnommé *Coſani* par diſtinction d'avec pluſieurs autres, ſubſiſte dans Porto Hercole. Un peu au-deſſus de l'embouchure du fleuve *Marta*, qui conſervant le même nom ſort du *Lacus Vulſinienſis*, un ancien emplacement appelé la Turchina, indique celui de *Tarquinii*, ancienne cité; & *Vulſinii*, autre chef-lieu d'un peuple Etruſque, eſt Bolſena ſur la rive du lac. L'extrémité de ce que l'Etrurie avoit autrefois d'extenſion vers la partie inférieure du Tibre, renferme encore trois cités. Le lieu qu'occupoit

Falerii, ville des *Falisci*, se nomme Falari, quoiqu'abandonné. *Veii*, capitale des *Veientes*, & qui tint si long-tems contre les Romains, existoit sur un monticule adjacent à un lieu nommé Isola. Enfin, *Cære* se nomme aujourd'hui Cerveteri. Sur la mer, le port qui fut un ouvrage de Trajan sous le nom de *Centum cellæ*, est Civita-vecchia: & le *Portus Augusti*, creusé par Claude, & auquel Trajan ajouta un bassin intérieur, conserve encore le nom de Porto, quoiqu'entièrement couvert par des atterissemens que le Tibre y a formés.

Le cours de ce fleuve dirigé du nord vers le midi, cotoye successivement l'Ombrie, la Sabine & le Latium. Il est parlé des *Umbri* comme d'une nation des plus anciennes de l'Italie. N'étant point bornée d'abord par le Rubicon, cette nation s'étendoit jusqu'au Pô dans le voisinage de Ravenne. L'Apennin, après avoir donné naissance au Tibre, traverse obliquement le pays auquel le nom
d'*Umbria*

d'*Umbria* a été propre. La partie renfermée entre le rivage de la mer supérieure & la montagne fut envahie par la nation Gauloise des *Senones*; & le fleuve *Æsis*, ou Iesi, en faisoit la séparation d'avec le Picenum. Le fameux Rubicon n'est qu'un débouchement de plusieurs torrents réunis, & auquel on donne le nom de Fiumesino. A quelques milles de distance, *Ariminum*, Rimini, à l'embouchure d'une rivière de même nom, étoit la première ville en entrant en Italie. Au-delà, & sur le même rivage de mer, *Pesaurum* est Pesaro, *Fanum Fortunæ* Fano, *Sena Gallica* Senigaglia. Il faut un peu remonter l'*Æsis*, pour trouver la ville de même nom, aujourd'hui Iesi. Et pareillement à quelque distance de la mer, *Forum Sempronii*, sur le *Metaurus*, ou Metro, que la défaite d'Asdrubal, frere d'Annibal rend mémorable, est Fossombrone. On trouve deux villes du nom d'*Urbinum*, & celle qui portoit le surnom d'*Hortense* est l'Urbino du tems préfent. La plus reculée des villes en cette partie citérieure à l'égard de l'Apennin, *Camerinum* exifte dans Camerino. Quant à la partie ultérieure, le *Tifernum* diftingué d'un autre par le furnom de *Tiberinum*, eft ce qu'on appelle Citta di Caftello. *Iguvium*, & *Nuceria*, au pied de l'Apennin, *Tuder* fur la rive du Tibre, *Spoletium* qui s'en éloigne, *Narnia*, fur le *Nar*, ou Nera, qui fe rend dans le Tibre, enfin *Ameria*, confervent leurs noms dans ceux de Gubio, Nocera, Todi, Spoleto, & Amelia. Spolete tire une diftinction particulière entre les villes de l'Ombrie d'avoir donné le nom à un Duché confidérable dans un tems poftérieur aux fiècles de l'antiquité.

Mais, une annexe de l'ancienne Ombrie, par continuité fur la mer fupérieure, eft le *Picenum*. Ancona, qui tiroit fon nom de fa fituation dans l'angle d'un coude que forme la côte, fait donner à la plus grande partie du pays des *Picentes*, le nom de Marche d'Ancone.

D'autres villes principales de ce canton, *Auximum*, *Firmum*, *Asculum*, celle-ci sur un fleuve nommé *Truentus*, aujourd'hui Tronto, sont Osimo, Fermo, Ascoli. Ajoutons encore le territoire des *Prætutii*, dont la ville principale *Hadria*, existe sous le nom d'Atri. Et les limites du *Picenum* sont quelquefois portées jusqu'au fleuve *Aternus*, à l'embouchure duquel une ville nommée *Aternum* a pris le nom de Pescara.

Les *Sabini*, dont la Sabine d'aujourd'hui conserve le nom, succédent à l'Ombrie sur la même rive du Tibre, jusqu'au fleuve *Anio*, qui est le Teverone. On peut dire en général de ce peuple, qu'il étoit réputé un des plus anciens de l'Italie, sans qu'il convienne ici d'entrer en discussion sur une diversité de traditions à ce sujet. On les dit sortis d'un lieu près de la ville d'*Amiternum*, pour venir s'établir à *Reate*, qui est *Rieti*, & s'étendre jusqu'au Tibre. Ils fondèrent une ville sous le nom de

Cures, duquel on fait dériver celui de *Quirites*, que l'on donnoit au peuple Romain en lui adreſſant la parole. Cette ville étoit néanmoins réduite à un petit lieu dans le tems de la grandeur romaine, & on croit en retrouver l'emplacement ſous le nom de *Correſe*. Près d'une ville nommée *Cutiliæ*, dont les veſtiges ſont voiſins du lieu actuel de Citta Ducale, un petit lac étoit réputé l'umbilique de l'Italie, en même diſtance de l'une & de l'autre mer. *Nurſia*, ou Norcia, au pied de l'Apennin, & aujourd'hui hors des limites de la Sabine, eſt attribuée aux Sabins. De pluſieurs villes qui font quelque figure dans l'hiſtoire des premiers ſiècles de Rome, mais preſque anéanties, il faut diſtinguer *Tibur*, ſur le Teverone, & que les agrémens de ſa ſituation ont fait célébrer, dont le nom par le changement de quelques lettres a pris la forme de Tivoli.

Nous voici arrivés au *Latium*, duquel eſt partie cette puiſſance qui s'eſt étendue dans les trois parties de l'ancien Monde. Ce que le peuple principal, les *Latini*, appuyés sur le Tibre entre l'embouchure du Teverone & la mer, occupoient d'espace, n'avoit pas à beaucoup près l'étendue que prirent les limites du *Latium*, dans ce qu'on appelle aujourd'hui la Campagne de Rome, par l'accession de plusieurs autres peuples, dont les plus puissans & les plus difficiles à réduire furent les *Volsci*. Il est convenable d'entrer dans quelque détail particulier sur une ville, qui des plus foibles commencemens est parvenue à une domination, qui fait le plus grand des objets dans ce que renferment les tems de l'antiquité.

Rome, à qui le mont Palatin servit d'abord d'assiette, couvrit sous les rois qui la gouvernèrent sept collines, qui lui ont fait donner le nom d'*Urbs Septicollis*. Ces monticules outre le *Palatinus*, sont, le *Capitolinus*, *Quirinalis*, *Viminalis*, *Esquilinus*, *Cœlius*, & *Aventinus*. Le *Janiculum*, situé au-delà du Tibre, ne fait point nombre dans les sept collines. L'enceinte qui les renfermoit, & portée jusqu'au Janicule, fut achevée par Servius-Tullius vers la fin du second siècle de Rome, & un rempart appelé *Agger*, couvrant le Quirinal, le Viminal, & l'Esquilin, fut en partie l'ouvrage de son successeur Tarquin le Superbe. Le *Campus Martius*, ou Champ de Mars, aujourd'hui l'endroit de la ville le plus peuplé, étoit hors de l'enceinte & sans habitations. Cette enceinte religieusement respectée comme le berceau de l'Empire, subsista non-seulement jusqu'aux derniers tems de la République, mais encore plusieurs siècles sous les Empereurs ; & entre les quatorze régions ou quartiers qu'Auguste distingua dans Rome, plusieurs de ces quartiers sortoient de cette enceinte. Mais, une nouvelle sous Aurélien, élevé à l'empire l'an 270 de l'Ere chrétienne, recula les murs de Rome fort au-delà du mont Capitolin vers le nord, & d'un autre côté au-delà du rempart dont on vient de parler; & il y a tout lieu de croire, que l'enceinte actuelle de Rome, si l'on excepte la partie du Tras-Tevere qui enveloppe le Vatican, représente l'enceinte d'Aurélien. Pour ne point passer les limites, dans lesquelles se doit renfermer un abrégé, ajoutons seulement, qu'au pied du Capitole, sur un des côtés du *Forum Romanum*, ou de la place publique (aujourd'hui Campo vaccino) étoit élevé le *Milliarium aureum*, ou la colonne milliaire dorée, d'où partoient comme d'un centre commun les grandes voies, qui conduisoient dans les différentes parties de l'Italie. Et sur un plus grand détail de ce qui concerne Rome, on peut consulter un Mémoire inséré dans le volume XXX de l'Académie.

Pour ce qui est des lieux principaux du Latium, *Ostia*, que sa situation près de la principale des deux embouchures du Tibre a fait ainsi nommer, subsiste sous le même nom, quoiqu'un peu plus reculé dans sa place, parce que le fleuve a éloigné le rivage par un atterrissement. On croit qu'une ville que sa fondation par Enée, à qui la nation Romaine vouloit devoir son établissement en Italie, rend recommandable, *Lavinium*, existoit dans un lieu nommé aujourd'hui Pratica, à quelque distance de la mer. Un autre lieu en pareille situation, porte le même nom d'*Ardea* que la capitale des *Rutuli*, qui combattirent les Troyens compagnons d'Enée. Il ne subsiste d'*Antium* que le nom d'Anzio, & des vestiges de son port, un peu en deçà du lieu appelé Nettuno. *Circeii*, qu'on disoit avoir été la demeure de Circé, se fait connoître dans le Monte Circello, vis-à-vis duquel *Pontia*, ou Ponza, est une isle en haute mer. A l'issue des *Paludes Pomptinæ*, ou Marais Pontins, qui s'étendent le long de la mer, & que traverse la *Via Appia*, la plus célèbre des voies romaines, *Terracina* sur une éminence, conserve son nom. *Cajeta*, ou

Gaete, sur une pointe de terre, précede ensuite l'embouchure du *Liris*, ou Gariglian, qui tombe dans la mer sous *Minturnæ*, après avoir traversé le milieu du Latium. Pour parcourir ensuite l'intérieur de cette contrée, en partant du voisinage de Rome, *Tusculum*, dans une situation agréable, répond à celle de Frascati. On croit qu'*Alba-longa*, rivale de Rome, & de fondation plus ancienne, existoit dans le lieu qui se nomme Palazzolo. *Prænefte*, qui avoit une citadelle, est Palestrine. *Anagnia*, Anagni, étoit la ville principale d'un peuple, ou des *Hernici*. Les *Æqui* habitoient plus avant, sur la frontière des Sabins. On ne sauroit désigner précisément le lieu qu'occupoit la ville qui tenoit le premier rang chez un peuple plus considérable, savoir *Suessa Pometia*, chez les *Volsci*. Celui de *Corioli*, dont un romain célèbre dans l'histoire tire le surnom de Coriolan, est ignoré. Mais, nous citerons *Arpinum*, Arpino, pour avoir donné la naissance à Marius, & à Ciceron.

Campania, la Campanie, succede au Latium. C'est la contrée de l'Italie que la nature semble avoir le plus favorisée; & célèbre dans l'antiquité par cet endroit. Elle fait la partie principale de ce qu'on nomme aujourd'hui Terre de Labour. Son étendue le long de la mer se porte jusqu'aux limites de la Lucanie : elle est resserrée dans l'intérieur par le Samnium. Le fleuve *Vulturnus*, ou Volturno, est la plus considérable de ses rivières. *Capua*, grande & délicieuse ville, n'a point conservé son emplacement, en prenant sur le Vulturne une position à trois milles de l'ancienne, vis-à-vis de celle qu'occupoit une ville nommée *Casilinum*, où sa puissance antérieure, que celle de Naples a éclipsée, ne l'a point suivie. *Neapolis*, ville Greque, de même que plusieurs autres sur ce rivage, portoit primitivement le nom de *Parthenope*, qu'on disoit être celui d'une Syrene. *Puteoli*, Pouzoles, *Baiæ* ou Bayes, sont dans le voisinage de Naples des lieux célèbres par leurs agrémens, *Misenum*, parce qu'une flote romaine y étoit entretenue, *Cumæ*, par le nom d'une Sybille. A la hauteur du promontoire de Misene, l'isle nommée *Ænaria*, aujourd'hui Ischia, auroit éprouvé des secousses extraordinaires par des feux souterrains, si l'on en croit l'antiquité. Sur le côté méridional du golfe appelé *Crater*, ou le bassin, l'isle *Capreæ*, dont Auguste fit l'acquisition, & que les débauches de Tibère ont rendue célèbre, conserve le nom de Capri. Un peuple particulier, les *Picentini*, s'étendoient au-delà, & *Salernum*, Salerne, est la ville maritime à citer dans ce district. Celle qui portoit le nom de *Picentia*, ne conserve que des vestiges avec le nom de Bicenza. En entrant dans les terres par *Nuceria*, ou Nocera, nous ferons mention de *Nola*, qui n'a point changé de nom. Le *Vesuvius mons* donne occasion de dire, que ce canton de la

Campanie étoit nommé d'un terme grec *Phlegræus campus*, ou pays brûlé. Enfin revenant par Capoue, *Sueſſa Aurunca*, *Teanum Sidicinum*, que des noms d'anciens peuples faiſoient ainſi ſurnommer, aujourd'hui Sezza & Tiano, termineront avec *Venafrum*, ou Venafro, ce que nous croyons devoir dire de la Campanie. Ajoutons néanmoins, que le fameux vignoble de Falerne étoit entre *Sinueſſa*, voiſine de la mer, & *Teanum*.

Il s'agit maintenant du *Samnium*, & cet article comprendra tout ce qui s'étend depuis la Sabine & le Picenum juſqu'à l'Apulie, & dans un autre ſens depuis les limites du Latium & de la Campanie juſqu'à la Mer ſupérieure. L'Apennin traverſe cette étendue de pays dans ſa longueur en ligne oblique. On ſçait combien la nation guerrière des *Samnites* donna d'exercice aux armes romaines pendant pluſieurs ſiècles. On la diſoit ſortie des premiers Sabins, & le nom eſt *Saunites* dans les écrivains Grecs.

En sortant de la Campanie, un défilé, dans lequel un petit lieu conserve par son nom de Forchié la mémoire d'une cruelle disgrace arrivée à une armée romaine, conduit par *Caudium*, à *Beneventum*, Bénévent, dont le nom étoit auparavant *Maleventum*. Les *Hirpini* occupoient cette extrémité du pays; & on y fera mention d'*Abellinum*, Avellino, & de *Compsa* aux confins de la Lucanie, Conza. Dans le *Samnium* proprement dit, *Bovianum*, *Æsernia*, *Aufidena*, sont Boiano, Isernia, Alfidena. Entre plusieurs peuples qu'il faut ensuite distinguer, les *Marsi*, limitrophes des Sabins, & que l'on voit dans l'histoire mesurer leurs armes en particulier avec les Romains, habitoient les bords du *Lacus Fucinus*, qu'un lieu des environs fait aujourd'hui appeller Lago di Celano, & près duquel on connoît des vestiges de *Marrubium*, ville principale de cette nation. *Alba*, que le voisinage du lac Fucin faisoit surnommer *Fucentis*, conserve son nom. Chez les *Peligni*, qui étoient adjacents, *Corfinium*, qui fut la place d'armes des peuples ligués contre Rome dans la guerre appelée Sociale, est réduit à un très-petit lieu nommé san-Perino : mais *Sulmo*, la patrie d'Ovide, existe dans Solmona. *Amiternum* n'est connu que par quelques vestiges près de la ville qui se nomme l'Aquila. *Pinna* des *Vestini* existe dans Civita di Penna, *Teate* des *Marracini* dans Civita di Chieti. Tout ce pays est ce qu'aujourd'hui on appelle l'Abruzze. Le nom d'*Anxanum* chez les *Frentani*, est conservé dans celui de l'Anciano, peu loin du fleuve *Sagrus*, ou Sangro ; celui de *Larinum* dans Larino. *Teanum Apulum*, sur le côté du *Fronto*, ou Fortore, qui borde l'Apulie, est un lieu ruiné que distingue le nom de Civitate.

Il faut ici remarquer, que c'est à ce qui nous reste à parcourir dans le continent de l'Italie, que convient particulièrement le nom de GRANDE GRÈCE, uſité dans l'antiquité, le nombre des établiſſemens formés par des Grecs y dominant plus qu'ailleurs. On trouve quelquefois le nom d'*Apulia* s'étendre juſqu'à l'extrémité du talon de ce continent, quoique cette extrémité ſoit plus communément diſtinguée ſous le nom d'*Iapygia*, ou de *Meſſapia*. Celui d'Apulie ou de l'Apouille ſubſiſte à peu près ſous la forme de Puglia. *Aufidus*, ou l'Ofanto, deſcendant de l'Apennin, traverſe la contrée d'un cours rapide. Le *Mons Garganus*, aujourd'hui Monte ſant-Angelo, couvre une terre avancée en mer, qui fait l'éperon de la botte que donne la figure de l'Italie. Ce côté de l'Apulie portoit en particulier le nom de *Daunia*, comme ayant été le domaine de Daunus, beau-pere de Diomede, qui au retour de la guerre de Troie, s'établiſſant en ce pays, fonda la ville d'*Arpi*, dont l'emplacement conſerve le nom, & une autre ville dans le voiſinage de la mer, *Salapia*, que l'infalubrité de l'air fit transférer dans le lieu auquel le nom de Salpé eft refté. On connoît des veftiges de *Sipuntum* ou *Sipûs*, près de Manfredonia, qui eft une ville nouvelle. *Luceria* garde le fien dans Lucera. *Venufia* au pied de l'Apennin, & patrie d'Horace, exifte dans Venofa; *Canucium* dans Canofa; & près de cette ville, le lieu fatal aux Romains par la défaite la plus fanglante, *Cannæ*, eft connnu par le même nom. Une partie intermédiaire de la Daunie & de la Meffapie, en étoit diftinguée par le nom de *Peucetia*; & *Barium*, ou Bari, y borde le rivage de la mer. Le nom d'*Iapygia* chez les écrivains Grecs ne fe renferme pas dans les mêmes limites que *Meffapia*; il s'étend à ce qui autre part eft appelé *Apulia*. Ce canton eft en même tems le pays des anciens *Calabri*, fort différent de ce qui dans un tems poftérieur a pris le nom de Calabre. Les *Salentini* paroiffent également un peuple de l'ancienne

Calabrie. *Tarentum*, ou *Taras* selon les Grecs, Tarente, que des Lacédémoniens vinrent occuper, attira les armes de Pyrrhus en Italie, & cette ville a communiqué son nom au golfe qui creuse l'extrémité de ce continent. *Brundusium*, Brindisi, sur la mer Adriatique, étoit le port le plus fréquenté pour le trajet entre l'Italie & la Grèce. *Lupiæ*, qui aujourd'hui est Lecce, avoit pour contiguë une autre ville nommée *Rudiæ*, que la naissance d'Ennius, le plus célèbre des premiers poëtes latins illustroit. La position en plus grande proximité du continent de la Grèce, *Hydruntum*, est Otrante. Le Finisterre de l'Italie étoit appelé *Iapygium* ou *Salentinum promontorium*; & par un retour dans l'enfoncement du golfe, *Callipolis* subsiste dans Gallipoli.

Le pays qui a porté le nom de *Lucania* nous ramene du fond du golfe de Tarente, jusqu'au rivage de la Mer inférieure. L'Apennin faisant le partage des eaux, le *Silarus*, ou Silaro, prend son cours vers cette mer, l'*Aciris*, ou Agri, le *Bradanus*, ou Bradano, qui coule sur les limites de la Iapygie, se rendent dans le golfe. A peu de distance de l'embouchure du Silarus, *Pæstum*, que les Grecs nommoient *Posidonia* comme une ville consacrée à Neptune, ne conserve dans sa position maritime que des ruines, avec le nom de Pesti, & la ville de Salerne communique aujourd'hui son nom à un golfe qui étoit appelé *Pæstanus*. Il faut ensuite faire mention de *Helea*, colonie de Phocéens, que l'école du Stoïcien Zénon avoit illustrée, dont le nom est aussi *Velia*, & que remplace actuellement le Castello-à-mare della Brucca. *Buxentum* qui suit, ou *Pyxûs* selon la manière greque d'écrire ce nom, à pris celui de Policastro. Un petit fleuve nommé *Laûs*, aujourd'hui Laino, fait le terme de la Lucanie sur ce rivage. Dans l'intérieur, une ville nommée *Abellinum* & que distingue le surnom de *Marsicum*, se fait connoître dans le Marsico vetere. *Potentia* existe dans Potenxa; & quoiqu'en traversant le Bradano, ce soit franchir les limites de la Lucanie, nous citerons ici *Acheruntia*, conservant ce nom dans celui d'Acerenza. Sur le bord du golfe, *Metapontum*, où Pythagore avoit enseigné sa doctrine, *Heraclea*, *Sybaris*, n'ont laissé que peu ou point de vestiges, la première étant la plus voisine de Tarente, la seconde entre deux rivières, *Aciris* & *Siris*, la troisième près de l'embouchure d'un petit fleuve de même nom que la ville, & d'un autre nommé *Crathis*. Les Sybarites sont un peuple très-décrié pour ses mœurs dans l'antiquité, & leur ville ayant été détruite par les Crotoniates, d'autres Grecs, entre lesquels fut Hérodote l'historien, vinrent la rétablir, lui donnant le nom de *Thurii*, qui s'est maintenu jusqu'à ce qu'elle ait cessé d'exister.

Ce qu'on nomme aujourdhui la Calabre, au midi de l'ancienne Lucanie, étoit occupé par les *Bruttii*. *Crathis* & *Næthus*, Crati & Neto, y sont les principaux fleuves. Une vaste forêt, qui donne de la résine, étoit appelée *Bruttia sila*, & dans l'Apennin on connoît encore la Sila. La ville qui portoit le nom de *Pandosia* n'est point connue. *Roscianum*, *Consentia*, sont évidemment Rossano, Cosenza. *Petilia*, bâtie par Philoctete au retour de la guerre de Troie, a pris le nom de Strongoli. *Croton*, qui avoit été une grande ville, se nomme Cotrone. Le promontoire voisin, où se termine le golfe de Tarente, & nommé *Lacinium*, est appelé le Cap delle Colonne, d'après quelques vestiges d'un temple de Junon. On fera mention de quelques écueils qui sont au-delà, parce qu'entre plusieurs noms sous lesquels ils paroissent désignés dans l'antiquité, on trouve celui d'isle de Calypso. Sur le continent resserré ensuite plus qu'en aucun autre endroit par deux golfes, d'un côté *Scylacium* se montre dans Squillace;

de l'autre, *Hipponium*, ayant aussi porté le nom de *Vibo*, on retrouve ce nom dans celui de Bivona. *Tropea* & *Nicotera* font littéralement les mêmes. *Mamertum*, dont le nom pourroit être commun avec les Mamertins, en faveur desquels on voit les Romains mettre pour la première fois le pied en Sicile, paroît convenir à l'emplacement d'une ville ayant pour nom actuel celui d'Oppido. Il nous reste deux villes dignes de remarque, *Rhegium* & *Locri*. Un promontoire voisin de celle-ci, & nommé *Zephyrium*, faisoit ajouter au nom qu'elle tenoit de ses fondateurs, le surnom d'*Epi-zephyrii*, & le lieu nommé Motta di Burzano en conserve des vestiges. Pour ce qui est de *Rhegium*, qui garde le nom de Regio, la situation de cette ville sur le *Fretum Siculum*, ou le détroit qui sépare la terre-ferme de l'Italie d'avec la Sicile, nous met plus à portée qu'aucune autre de passer dans cette isle.

Cependant, avant que de faire ce trajet, nous jetterons un coup d'œil sur les grandes Voies romaines, qui ne sont pas moins citées dans l'histoire que dans les traités de Géographie. Elles sont distinguées par des noms tirés de leurs constructeurs. On sçait qu'elles étoient mesurées de mille en mille, & que des colomnes appelées milliaires & numérotées, indiquoient les distances, ce qui s'étoit pratiqué de la même manière dans toutes les provinces également assujetties à l'Empire.

La *Via Appia*, ou voie Appienne, s'approchoit de la mer à Terracine, conduisoit à Capoue, puis à Bénévent, où elle se partageoit en deux routes différentes pour se rendre à Brindes, sur la droite par Venuse & Tarente, sur la gauche, en suivant le bord de la mer depuis Bari. De Capoue sortoit une autre voie, sans prendre part au même nom, & qui traversant la Lucanie & le Bruttium, s'étendoit jusqu'à Regio, sur le détroit, vis-à-vis de la Sicile.

La *Via Flaminia* étoit dirigée vers le nord, jusqu'au bord de la Mer supérieure ou Adriatique, & à Rimini où elle se terminoit, succédoit l'*Æmilia*, pour pénétrer dans la Gaule Cisalpine, sans parler d'une branche de voie, qui rasant le fond du golfe Adriatique, conduisoit à Aquilée. Dans l'intervalle de l'Appienne & de la Flaminienne, deux autres voies, *Valeria* & *Salaria*, se rendoient sur le bord de la mer, la première touchant à Corfinium avant que d'arriver à Aternum, la seconde passant par Reaté, & ayant une continuation jusqu'à Ancone.

La *Via Aurelia*, parcourant les lieux maritimes de l'Etrurie, & ceux qui bordent ensuite le Golfe Ligustique, entroit en Gaule, où nos Provençaux l'appellent encore Camin Aurelian. Une autre voie, nommée *Claudia*, séparée de la Flaminienne près de Rome, traversoit le milieu de l'Etrurie, & joignoit l'Aurélienne en approchant de Luna. Et c'est tout ce qu'un ouvrage abrégé permet de dire, sans entrer dans un plus grand détail sur cet article des Voies romaines, dont il a paru à propos de donner une idée générale.

On pourroit peut-être trouver à redire, de ne voir ici aucune mention d'une division que fit Auguste de l'Italie en onze régions, dont il n'est toutefois parlé que dans Pline. La première consistoit dans le Latium, & dans la Campanie jusqu'au fleuve Silarus. La seconde entamoit ce que nous avons vu être du Samnium, en prenant les Hirpini, & de-là s'étendoit dans l'Apulie, & dans l'ancien pays Calabrois jusqu'au promontoire Iapygien. La Lucanie & le pays des Bruttiens composoient la troisième. La quatrième étoit réputée renfermer les plus valeureux peuples de l'Italie dans le Samnium, & la Sabine y étoit comprise. Le Picenum, une des plus populeuses contrées de l'Italie, avoit paru suffire

suffire à composer la cinquième région. L'Umbrie faisant la sixième, & l'Etrurie jusqu'au fleuve Macra la septième, achevoient de remplir l'ancienne Italie proprement dite. Ce qui avoit été distingué sous le nom de Cisalpine, distinction qu'on peut croire qu'Auguste avoit voulu faire disparoître, n'étoit divisé qu'en quatre régions; & la huitième région de l'Italie s'étendoit entre l'Apennin & la rive du Pô, jusqu'à Plaisance inclusivement, la Ligurie en remontant sur la même rive du fleuve jusqu'au sommet des Alpes, composant la neuvième. Ce qu'on appeloit Transpadane faisoit pareillement deux régions, la dixième composée de la Vénétie & du pays des Carni, la onzième entre les limites de la Vénétie & les hautes Alpes. Mais, on ne voit point que cette division ait été d'un usage qui en rende la connoissance fort intéressante. Ajoutons un mot sur ce qui fut un grand district sous les Empereurs, sçavoir la Préfecture de Rome, ayant pour borne le *Centefimus Lapis*, ou la centième colonne milliaire, fur les grandes voies qui fortoient de la ville; & on retrouve un de ces termes fur la Flaminienne, dans le lieu nommé Ponte Centefimo. Après avoir ainfi parcouru le continent de l'Italie, paffons dans les ifles qui lui font adjacentes.

SICILIA. CORSICA. SARDINIA.

Le nom de *Sicilia* eft moins ancien que celui de *Sicania*, fi les *Sicani* ont poffédé cette ifle avant les *Siculi*, que l'on fait fortir de l'Italie quelque tems avant la guerre de Troie, & réduire les *Sicani* à un coin de l'ifle vers le couchant. On fait que les trois pointes que forme la Sicile la faifoient appeler *Trinacria*. Ayant reçu des colonies Grèques, & les Carthaginois s'y étant rendus puiffans, on y connoiffoit trois langues différentes, une langue Italique, la Grèque, & la Punique. Une chaîne de montagnes suit d'assez près le rivage septentrional, depuis le promontoire *Pelorum*, aujourd'hui Cap de Faro, qui resserre le détroit ; & de ces monts, qui étoient appelés *Heræi*, c'est-à-dire de Junon, & *Nebrodes*, se détachent des branches qui s'étendent vers le midi. Plusieurs rivières rassemblées sous le nom de *Simœthus*, aujourd'hui Giarretta, tombent dans la mer au pied de l'Etna, sur le rivage oriental ; *Himera*, aujourd'hui Fiume Salso, *Camicus*, Fiume di Platani, sur le rivage méridional.

Messana, Messine, très-voisine du Pélore, portoit le nom de *Zancle*, avant que des Messéniens, chassés du Péloponnese par les Lacédémoniens, vinssent s'y établir. *Tauromenium* qui suit, conserve son nom dans Taormina ; & le très-petit fleuve *Acis*, qu'une fable a illustré, donne le nom à Castel d'Iaci. C'est du bord de ce rivage que s'éleve le plus fameux des volcans, *Ætna*, dont le nom actuel de Gibello est sorti d'un terme appellatif de montagne, qui est Gebel, dans la langue des Arabes, auxquels la Sicile a été soumise par conquête sur l'Empire Grec de Constantinople. *Catana*, qui conserve son nom, borde la mer au pied de l'Etna. Des plaines qui succedent avoient servi de demeure aux *Læstrigones*, anciens & sauvages habitans de la contrée, ainsi que les *Cyclopes*; & on connoît *Leontini* dans ces plaines sous le nom de Lentini. La plus considérable des villes de la Sicile, & célèbre dans l'histoire Grèque & Romaine, *Syracusæ*, garde à la vérité le nom de Syragusa, mais ne conservant des différents quartiers qui composoient une très-grande ville, qu'une petite pointe isolée qui se nommoit *Ortygia*. Il faut citer *Neætum*, parce qu'une des trois parties qu'on distingue aujourd'hui en Sicile est appelée Val di Noto. A une petite distance de la mer, *Helorum* conserve des vestiges, qui sur les lieux sont appelés Muri - Ucci; & les agrémens du canton le faisoient appeler *Helorina Tempe*. Le nom du promontoire méridional, qui étoit *Pachynum*, est actuellement Passaro. *Camarina*, colonie de Syracuse, conserve avec des vestiges le nom de Camarana. *Gela* étoit située peu au-dessus de l'emplacement actuel de Terra-nova. En traversant le fleuve Himera, qui a séparé les dépendances de Syracuse d'avec ce qui obéissoit aux Carthaginois, on trouve *Agrigentum*, ou selon les Grecs *Acragas*, dont les vestiges sont appelés Girgenti vecchio près de la ville moderne de Girgenti. Au-delà du Camicus, & d'un autre fleuve nommé *Hypsa*, aujourdjhui Belici, *Selynus*, qui devoit sa fondation à Syracuse, est ensevelie sous des ruines qui donnent une haute idée de l'ancien état de cette ville. Avant que d'y arriver, nous aurions pu citer les *Thermæ* (ou bains chauds) surnommées *Selinuntiæ*, que l'on retrouve près d'un lieu nommé Sciacca. *Mazarum*, qui suit Selynus, & qui en dépendoit, est remarquable en ce qu'une des trois divisions de la Sicile s'appelle Val di Mazara. Le promontoire occidental de l'isle, & qui regarde l'Afrique de plus près, conserve bien un reste du nom de *Lilibæum* dans celui de Boeo, mais la ville de même nom que le promontoire se nomme aujourd'hui Marsalla. Une pointe recourbée en mer donnoit à *Drepanum* le nom que conserve Trapani; & au-dessus de cette ville s'éleve le mont *Eryx*, célèbre par un temple qu'on disoit avoir été consacré à Vénus par Enée, & auquel une citadelle nommée San-Giuliano a succédé. Des Troyens établis en ce canton de la Sicile, occupoient un peu plus loin *Egesta* ou *Segeste*, qui n'existe plus. *Panormus*, ainsi nommée par des Grecs à cause de son port, est connue pour la ville dominante, avec peu d'altération dans le nom de Palerme. *Himera* ayant dans son voisinage des bains sous le nom appellatif de *Thermæ*, une ville maritime conserve ce nom en celui de Termini. *Cephalædis* existe dans Cefalu. Le nom de Tyndari est resté à l'emplacement de *Tyndaris*. Melazzo représente *Mylæ*; & c'est entre cette ville & un lieu nommé *Naulochus*, que la flotte de Sexte Pompée fut détruite par celle du Triumvir Octavien. Ces positions nous ramenent vers le Pélore, duquel nous sommes partis pour suivre les trois côtés qui renferment la Sicile.

Pour ce qui est de l'intérieur, on peut entre beaucoup d'autres lieux, citer *Halycia*, qui conserve la signification de ce nom Grec dans celui de Salemé. Le nom d'*Entella* n'est point perdu dans un lieu actuellement détruit, mais en situation très-avantageuse pour une place forte. *Enna*, qui étoit réputée au milieu de l'isle, & en grande considération par l'opinion d'avoir été le séjour de Cérès & de Proserpine, se nomme Castro Janni, ou par une grande méprise dans l'altération du nom ancien, Castro Giovanné. Le nom de *Menæ*, ville construite par un ancien prince Sicilien, existe dans celui de Mineo. Le miel d'*Hybla* est célébré dans l'antiquité, & il y avoit en Sicile plusieurs villes de ce nom : mais, il est parlé de celle qui étoit distinguée par le surnom de *Major*, & dans la dépendance de Catane, comme d'une ville qui n'existoit plus.

Au reste, il convient de faire entrer dans cet article concernant la Sicile, les petites isles qui en sont peu éloignées vers le nord, qu'on appeloit *Æoliæ*, parce qu'on en faisoit la demeure d'Eole, qui selon la fable étoit chargé de gouverner les vents, pour les tenir renfermés dans des antres, ou pour les en faire sortir. Elles sont aussi appelées *Vulcaniæ*, parce qu'elles ont des volcans; aujourd'hui Lipari, du nom de *Lipara*, la principale. C'est aussi le lieu de parler de *Melite*, & de *Gaulos* qui l'accompagne, ou Gozo. Les villes placées aujourd'hui avec grand avantage sur les ports de Malte, ne font point l'ancienne ville de l'isle, dont la position étoit celle d'un lieu intérieur, qui se nomme Rabatto, d'un terme que la domination des Arabes de Barbarie sur cette isle a mis en usage.

Des deux isles qui nous restent, *Corsica*, la Corse, qui par son promontoire fort allongé vers le nord, nommé *Sacrum*, aujourd'hui Cap Corse, est la terre de ces isles la plus voisine du continent de l'Italie, devancera par cette raison la Sardeigne. Les Grecs la nommoient *Cyrnos*. On prétendoit que des Phocéens y avoient mis le pied : mais, le fond de la nation insulaire étoit de sang Ligure ; & il est parlé du caractère sauvage de ce peuple comme naturel à un pays très-âpre & de difficile accès. Les Corses avoient éprouvé la tyrannie des Carthaginois, avant que les Romains entreprissent de les soumettre. L'isle reçut deux colonies, *Mariana* par Marius, *Aleria* par Sylla. On en connoît des vestiges sur la côte orientale, & on estime que la ville moderne de Bastia a remplacé celle que l'on trouve sous la dénomination de *Mantinorum oppidum*. Le nom de *Palania* s'est conservé dans le canton appelé la Balagna, & le *Casalus sinus* paroît répondre à l'anse de Calvi. Les Grecs appeloient *Taphros*, c'est-à-dire fossé, le canal qui sépare Corse d'avec la Sardeigne.

En comparant la figure de la Sardeigne à la plante du pied, cette isle étoit appelée *Ichnusa* par les Grecs. On parle également de la fertilité du sol, & de l'insalubrité de l'air. Une partie du pays est couverte de montagnes, & celles de la partie septentrionale sont tellement âpres & escarpées, qu'elles ont été appelées *Insani montes*, les monts insensés. Le plus considérable des fleuves, & nommé *Thyrsus*, coulant du nord au sud, se rend dans la mer sur le rivage occidental, près de la ville moderne d'Oristagni, & le nom de cette ville sert actuellement à le désigner. Des Afriquains étoient venus habiter la Sardeigne, sous un chef dont on vouloit que le nom de Sardus se fût communiqué au pays. On y connoissoit des colonies Ibériennes ou Espagnoles. Des Troyens qui s'y étoient établis, y furent long-tems distingués par le nom d'Iliens, tiré d'Ilium leur ancienne patrie. Les Carthaginois y fondèrent les villes de *Calaris* & de *Sulci*, dont l'une conserve avec le nom de *Caglieri*, le premier rang qu'elle tenoit dans l'isle ; & on connoît des vestiges de l'autre sur le détroit, qui sépare du continent de la Sardeigne la petite isle nommée sant Antioco. Le nom de *Neapolis* s'est conservé dans le fond du golfe d'Oristagni. On reconnoît *Lesa* dans Alés, & le *Forum Trajani* dans Fordongiano. *Bosa*, ville maritime, n'a point changé de nom. Il en est de même de *Nora* ou *Nura*, dans un canton montueux. Le lieu de *Turris Libisonis* est indiqué par le Porto de Torre, sur le rivage septentrional. Cette ville étoit Romaine, & ses environs conservèrent le nom de Romangia, dans un tems où des Barbaresques, qui ont laissé celui de Barbaria à un canton de l'isle, avoient envahi la Sardeigne. *Tibula*; au plus haut du sommet de l'isle occupé par des Corses, convient au port nommé actuellement Longo-Sardo. *Olbia*, ville Grèque & des plus anciennes, ayant un port qui regarde l'Italie de plus près qu'aucun autre, devoit être vers l'endroit où existe aujourd'hui Terra-nova. Remarquons finalement, que le nom de *Luquido* paroît avoir fait celui de Lugodori, qui dans l'état actuel distingue ce canton septentrional d'avec plusieurs autres.

VII.
GRÆCIA.

En voyant dans l'histoire quelle a été la puissance de quelques Etats particuliers, dont la Grèce comprenoit un assez grand nombre, à juger de cette puissance par les guerres qui ont armé ces Etats les uns contre les autres, ou qu'ils ont soutenues contre des forces étrangères très-considérables, on se formeroit l'idée d'un grand pays, si l'on n'en étoit point détrompé par la connoissance positive du local. Cette connoissance ne nous fait voir dans ce que contenoit la Grèce proprement y dite, y compris le Péloponnese, guère plus d'espace de terre que n'en occupe le royaume de Naples dans le continent de l'Italie, & indépendamment de la Sicile. On n'imagineroit pas que cette isle seule peut balancer le Péloponnese, en le détachant de la Grèce propre, quoiqu'il fasse compter six Provinces séparément les unes des autres. Ce qui fera à jamais l'honneur de la Grèce est assez connu ; & on a dit, que réduite à l'obéissance par les armes Romaines, elle triompha de Rome, en y établissant les arts, qui dans cette maîtresse du monde étoient ignorés. (*)

Les Grecs se donnoient le nom de *Hellenes*, & le nom des Hellines est encore connu chez les Turcs, en parlant des Grecs. Mais, ce qu'on appeloit *Hellas* ne s'étendoit pas également à tout ce qui paroît compris sous le nom de Grèce, excluant la Macédoine, & presque l'Epire. Il est parlé sous le nom de *Pelasgi* d'un premier peuple, à peu près dans l'état des nations qu'on traite de sauvages. On distingue ensuite quelques races principales, *Iones*, *Dores*, *Æoles*.

(*) *Græcia capta ferum victorem cepit, & artes Intulit agresti Latio.* Horace.

L'Attique fut la demeure primitive & particulière des Ioniens, qui dans le Péloponnese occupèrent l'Achaïe. Les Doriens sortis des environs du Parnasse, se rendirent puissans dans le Péloponnese. Les Eoliens avoient habité la Thessalie. Quelques étrangers sortis de l'Egypte & de la Phénicie, vinrent civiliser les premiers habitans de la Grèce. Mais, après avoir fait remarquer quelque distinction par rapport à l'étendue du nom de Grèce, dans ce qui lui appartient plus étroitement, c'est néanmoins avec les accessions de pays qu'il a reçues que nous devons en traiter ici. En partant donc du terme où nous a conduits l'Illyricum, nous comprendrons la Macédoine dans sa plus grande extension, vers l'Epire d'un côté, & de l'autre vers la Thrace; & de cette partie qui occupe le nord de notre sujet, nous ferons par cette raison une division précédant les autres, sous le titre de *Macedonia*. La Thessalie avec l'Epire, & diverses contrées particulières qui se suivent jusqu'à l'Isthme, composeront une seconde division, qui sera intitulée *Gracia*; suivie d'une troisième, ayant pour titre *Peloponnesus*. Les mers Adriatique & Ionienne bordant d'un côté le continent de la Grèce, que la mer Egée embrasse de l'autre, *Creta* & *Cyclades* demanderont un supplément à ce que renferme ce continent.

MACEDONIA.

Des peuples Illyriques occupoient par une continuité d'étendue le pays voisin de la Mer Adriatique jusqu'aux confins de l'Epire, avant que cette partie eût été attribuée à la Macédoine par les Romains, & que postérieurement elle fît une province particulière sous le nom d'*Epirus nova*, ou de nouvelle Epire. On y distingue entre autres rivières, *Drilo*, qui est le Drin noir, *Mathis*, ou Mattia, *Genusus*, appellé Semno, *Apsus*, qui a pris le nom de Crevasta, *Aous*, ou Lao,

Celydnus, Salnich, autrement Voiussa. Des monts qui étoient appelés *Candavii*, sur la voie qui conduisoit dans l'intérieur de la Macédoine, sont aujourd'hui appelés Crasta. Quant à des noms de peuples particuliers, *Parthini*, *Taulantii*, & autres, les connoissances actuelles n'offrent rien qui y réponde. On sçait que le nom d'Albanie s'étend à cette contrée, & une *Albanopolis* que donne Ptolémée, paroît exister dans une ville dont le nom est Albasano. La principale des villes sur la côte, & du plus grand abord, colonie de Corcyre, sous le nom d'*Epi-damnus*, changea ce nom qui étoit de mauvais augure par la signification qui lui est propre en langue Grèque, & fut nommée *Dyrrachium*, d'où s'est formé le nom actuel de Durazzo. En s'éloignant vers le midi jusqu'au voisinage du fleuve Aous, *Apollonia*, à quelque distance de la mer, se distinguoit par l'étude de la littérature Grèque, & on connoît des vestiges de cette ville, avec l'altération de son nom en celui de Polina. Sur un golfe qui pénètre ensuite assez profondément dans les terres, le nom d'*Aulon* se prononce actuellement Valona; & la forteresse élevée sur une montagne adjacente, conserve dans le nom de Canina celui de la Chaonie, qui étoit limitrophe, & comprise dans l'Epire. *Oricum* avoit un port au fond du golfe dont on vient de parler. En entrant dans les terres, une ville d'*Elyma* paroîtroit avoir communiqué ce nom à l'*Elymiotis*, qui pénétroit dans la Macédoine; & cette ville pourroit se rapporter à celle qui dans un idiome Slavon s'appelle Arnaut Beli-grad, ou ville blanche Albanoise. *Scampis*, sur une grande voie romaine, se fait connoître par le nom d'Iscampi. Mais, une ville principale dans l'intérieur, & attribuée aux *Dassaretii*, étoit *Lychnidus*, près d'un lac d'où sort le Drin. C'est à tort qu'on en fait la *Justiniana prima*, dont il sera mention en parlant de la Dardanie. Les

Bulgares qui se firent un grand Etat plus d'un siècle après le règne de Justinien, ou dans le huitième, prirent l'emplacement de Lychnidus pour leur capitale, sous le nom d'Achrida, qui subsiste. Dibra qui est plus bas sur le cours du Drin indique *Deborus*; & la carte donnera quelques autres positions, qu'une expédition de Persée, dernier roi de Macédoine, en cette partie Illyrique, peut faire desirer de connoître.

La Macédoine contenue dans ses anciennes limites, & bornée au couchant par le pays dont on vient de parler, confinoit du côté du levant à la Thrace, dont elle étoit même resserrée, avant que les environs du fleuve Strymon y fussent compris par accroissement. Elle avoit au nord la Dardanie, & bordoit au midi la Thessalie. Qui croiroit qu'on soit encore trop dépourvu de connoissance actuelle sur l'intérieur d'un pays dont le nom a fait tant de bruit, pour que l'ancienne Géographie puisse tirer de cette connoissance le secours dont elle auroit besoin pour être éclaircie? Le plus considérable de ses fleuves, *Axius*, aujourd'hui Vardari, sortant du mont *Scardus* de la Dardanie, & recevant dans son cours le plus grand nombre des rivières de la contrée, tombe dans le fond du *Sinus Thermaicus*, ou golfe de Thessalonique, après avoir communiqué par un canal avec l'*Erigon*, grossi de l'*Astræus*, ou Vistriza. Sur les confins de la Thessalie, *Haliacmon*, se rend dans le même golfe, près d'un lieu qui portant autrefois le même nom que ce fleuve, est connu sous celui de Platamona. Le *Strymon* prenant sa source dans ce qu'on appelle Despoto-dag, ou la montagne du prince, est reçu dans un golfe qui en tiroit le nom de *Strymonicus Sinus*. Les monts *Scardus* & *Orbelus* de la Dardanie, qui sont appelés Monte Argentaro, couvrent le pays dont la Macédoine est terminée vers le nord.

Cette partie septentrionale portoit le

nom de *Pæonia*, & diverses nations comprises sous ce nom s'étendoient jusqu'aux frontières de la Thrace. Le nom de *Pelagonia* en tient quelquefois la place, & pénetre dans l'intérieur de la Macédoine, ayant *Stobi* pour ville principale, & qui fut métropole de province, lorsque la Macédoine en forma deux, dont l'une étoit appelée *Salutaris*. L'emplacement d'un canton particulier vers le haut de l'Erigon, & nommé *Deuriopus*, est plus constamment déterminé que plusieurs autres par cette circonstance. La position d'une ville du nom d'*Héraclea*, est donnée par sa situation sur une voie romaine tendante de Lychnidus à Thessalonique, & cette ville indique le canton de *Lyncestis*, parce qu'il la renfermoit. Celui d'*Ebordæa* paroît avoir été limitrophe, vers le pays Illyrien. La plus distinguée des contrées de la Macédoine, & décorée des villes dont nous allons parler, étoit *Emathia*. *Edessa*, nommée autrement *Æge*, ou la ville des chevres, fut une ville royale avant Pella ; & le premier de ces noms lui eſt reſté, quoique celui de Moglena, que porte le pays des environs, lui ſoit auſſi appliqué. *Pella*, qui prit le premier rang ſur Edeſſe, étoit avantageuſement ſituée dans un lac, lequel communiquoit à la mer par un canal de rivière, appelé *Ludias*, qui coule parallelement au Vardari ; & on a connoiſſance en ce canton de deux lacs, dont l'un nommé Oſtrovo eſt cité dans un tems poſtérieur à l'antiquité, comme étant dominé par un château nommé Bodena, aſſis ſur un rocher. On dit que des veſtiges de Pella ſont appelés Palatiſa, ou les petits palais. *Berœa*, autre ville conſidérable, ſubſiſte ſous le nom de Cara-Veria, ou de la noire Bérée. Il eſt mention dans l'intérieur du pays d'une ville de *Celethrum*, que renfermeroit un lac ; & cette ſituation ſe rapporteroit à celle dont il eſt parlé du tems de l'Empire Grec de Conſtantinople ſous le nom de Caſtorie. Sur le côté occidental du golfe Thermaïque, dans le canton appelé *Pieria*, le lieu où la défaite du dernier roi de Macédoine fit tomber ce royaume au pouvoir des Romains, *Pydna* se nommoit autrement *Citron*, & le nom de Kitro a subsisté. La dernière ville Macédonienne sur ce rivage, *Dium*, est connue par le nom actuel de Stan-Dia, dans lequel une préposition de lieu précede le nom propre, par un usage que le vulgaire des derniers tems a rendu commun à plusieurs dénominations locales.

Au levant de l'Axius, *Mygdonia* est une des grandes contrées de la Macédoine, & prise en grande partie sur la Thrace par les rois prédécesseurs d'Alexandre. *Thessalonica*, qui sous les Romains prévalut sur toute autre ville en Macédoine, étoit appelée *Therma*, avant que Cassandre lui eût fait prendre le nom de son épouse sœur d'Alexandre. On sait qu'elle se soutient dans un état assez florissant, sous le nom de Saloniki.

Vers le nord de la Mygdonie, on peut citer *Idomene*, *Europus ad Axium* ou sur l'Axius; en descendant ensuite vers le midi, *Anthemûs*, *Apollonia*, que l'on connoît sous le nom de Pólina, & en baissant encore davantage vers la mer, *Chalcis*. On attribuoit à Enée la fondation d'*Ænia*, sur le golfe au-dessous de Thessalonique. *Potidæa*, située dans le col d'un isthme, défendoit l'entrée d'une peninsule nommée *Pallene*. Cette ville ayant été renouvellée par Cassandre, prit le nom de *Cassandria*; & il est remarquable que l'ouverture de l'isthme soit encore apppelée les portes de Cassandre. La pointe de la peninsule est appelée Paillouri, & se nomme aussi Canouistro, en conservant le nom de *Canastræum*, qui dans l'antiquité distingue ce promontoire d'avec la peninsule. Cette pointe sépare le *Thermaicus sinus* de celui que la ville de *Torone*, ou Toron, sur la droite en entrant faisoit nommer *Toronaicus*. *Olynthus* se fait remarquer au fond de ce golfe;

golfe; & vers cet emplacement, il est mention aujourd'hui d'un lieu nommé Agiomama. Un golfe qu'une seconde peninsule sépare du Toronaïque, & qui étoit appelé *Singiticus*, borde un des flancs du fameux Mont *Athos*, que le *Strymonicus sinus* resserre d'un autre côté. Ce mont, que ses monasteres font appeler aujourd'hui Agios-oros, ou Monte-Santo, étant isolé de toute autre montagne, ne tient au continent que par une langue de terre étroite & basse, qu'il fut assez facile à Xerxés de creuser, pour y faire passer sa flotte, comme il est rapporté dans l'histoire. Il faut ensuite faire mention de *Stagyra*, recommandable pour avoir donné la naissance à Aristote, & dont la position près de la mer se rapporte à celle dont le nom actuel est Staûros.

Le *Strymon* formant deux embouchures, *Amphipolis* étoit située dans l'angle de la division du fleuve; & les Athéniens lui donnèrent ce nom, pour expri-

L

mer une position équivoque entre la Macédoine & la Thrace. Le lieu se nommoit auparavant *Novem viæ*, ou les neuf voies, & le nom d'Amphipolis est aujourd'hui Iamboli. Près d'une rivière nommée *Pontus*, étoit une ville nommée d'*Heraclea*, que le canton du pays faisoit surnommer *Sintica* ; & cette rivière à l'issue d'une lagune nommée *Carcinitis*, près de laquelle est un lieu appelé Marmara, se rend dans le Strymon près de sa division. En s'avançant vers la frontière, & peu au-dessus de la mer, la ville de *Philippi*, qui devoit son nom à Philippe pere d'Alexandre, & qui vit à ses portes une bataille fatale à Brutus & Cassius, meurtriers de César, est actuellement ruinée ; & si l'on trouve que le nom de Drame lui soit appliqué aujourd'hui, c'est en le tirant d'un autre lieu de ce canton, dont le nom étoit *Drabescus*. Sur la mer, & dans une situation avantageuse pour le commerce, *Neapolis* tenoit la place d'une échelle qu'on nomme la Cavale. Deux

croupes du Mont *Pangæus*, aujourd'hui appelés Caſtagnats, qui eſt une branche détachée du Rhodopé, ſerrent le rivage de la mer d'aſſez près pour former des détroits, dont les paſſages avoient été fermés par des murs. Vis-à-vis d'une pointe avancée en mer au plus reculé de ces paſſages, l'iſle appelée *Thaſus*, que ſes marbres rendoient célèbre, & qu'on croyoit avoir été abordée par des Phéniciens, n'eſt ſéparée du continent que par un canal de peu de largeur, & le nom de Thaſo lui eſt reſté.

GRÆCIA.

Sous ce titre nous embraſſons ce qui au midi de la partie précédente, eſt renfermé par la Mer Ionienne & le golfe de Corinthe d'un côté, de l'autre par la Mer Egée. *Epirus* & *Theſſalia* rempliſſent la partie ſeptentrionale de cet objet, & en l'enviſageant d'occident en orient, l'Epire devance la Theſſalie. Le rivage de l'Epire commence à une pointe nommée *Acro-ceraunia*, opposée directement au talon de l'Italie, & où se terminent des montagnes, qui exposées par leur élévation à être frappées de la foudre, étoient appelées *Acro-ceraunii montes*. Cette pointe est nommée Linguetta par les Italiens, & Glossa par les Grecs. Le canton situé dans ces montagnes & le long de la mer, se nommoit *Chaonia*; & le nom de *Chimera*, qui étoit celui d'un lieu maritime de la Chaonie, est appliqué aujourd'hui à cette contrée. *Thesprotia* est ensuite une des principales parties de l'Epire, jusque vers l'entrée du golfe d'Ambracie. *Buthrotum* s'y distingue plus que tout autre lieu, & subsiste sous le nom de Butrinto. *Corcyra* n'est séparée que par un canal assez étroit du continent de l'Epire, vis-à-vis de la Thesprotie. C'est l'isle des Pheaques dans Homère. La ville du même nom que l'isle, & qui reçut une colonie de Corinthiens, & devint puissante, n'occupant pas précisément l'emplacement qu'on a donné à la ville moderne, étoit renfermée dans une péninsule qu'on nomme Cherfopoli ; & le nom actuel de Corfou, dérivant d'un terme Grec qui défigne une élévation, n'a rien de commun avec l'ancien. L'intérieur de l'Epire eft peu connu. Une rivière nommée *Acheron*, fe rend dans le *Glykyslimen*, ou port doux, près duquel un lieu conferve le nom de Glykeon. *Dodone*, célèbre par le plus ancien des oracles de la Grèce, étoit reculé dans les terres. *Moloffis*, le pays des Moloffes, nation dominante en Epire, s'étendoit le long de l'*Ambracius finus*, auquel *Ambracia*, ville royale des Epirotes, & de Pyrrhus en particulier, donnoit le nom. Peu au-deffous du lieu qu'occupoit cette ville, le golfe reçoit un fleuve, dont le nom d'*Arethon* a fait celui de la ville d'Arta, fituée plus haut que n'étoit autrefois Ambracie, & qui devenue la principale du pays communique fon nom au golfe. La victoire d'*Actium* fit d'un camp qu'avoit occupé le vainqueur, une ville sous le nom de *Nicopolis*, dont les prérogatives causèrent la décadence d'Ambracie. Son emplacement est connu dans ce qu'on appelle Prevesa-vecchia. Le mont *Pindus* sépare le fond de l'Epire d'avec la Thessalie ; & entre plusieurs contrées particulières sur le penchant de cette grande montagne, *Athamania* paroît avoir été la plus considérable.

La Thessalie est bornée de trois côtés par des montagnes ; vers le nord par l'*Olympus*, voisin de la mer, jusqu'au mont *Stymphe* ; vers le couchant par le *Pindus*, au midi par l'*Œta*. *Peneus*, le Pénée, traverse la contrée d'occident en orient, pour se rendre dans le Golfe Thermaïque, après avoir reçu un assez grand nombre de rivières, dont la plus considérable paroit être *Apidanus* sur la rive droite. On lui donne aujourd'hui le nom de *Salampria*. Différentes contrées partagent la Thessalie, *Estiæotis*, & *Pe-*

lasgiotis, dans le voisinage du Pénée, l'une vers le haut, l'autre vers le bas, *Thessaliotis* plus au midi, & *Phthiotis* de même en tirant vers la mer. La nation des *Perrhæbi* donne le nom de *Perrhæbia* à ce qui est adjacent aux montagnes dans le nord de la Thessalie. *Dolopia* est reculée vers les confins de ce qu'on verra par la suite appartenir à l'Etolie.

Nous avons peu de notions actuelles de ce pays, ce qu'on est contraint avec peine de répéter en parlant de la Grèce. *Larissa*, qui avoit été le domaine d'Achille, fut la plus considérable des villes de la Thessalie, & elle subsiste sur le même pied, & en conservant son nom sans altération. C'est après avoir laissé cette ville sur la rive droite, que le Pénée resserré entre l'*Olympus* & l'*Ossa*, de manière à n'avoir entre ces montagnes qu'autant qu'il faut d'espace à un cours rapide, se rend dans la mer par une embouchure qu'on nomme Lycostomo, ou bouche de Loup; & la longueur de

L iv

ce passage dans des lieux sauvages & escarpés, est la fameuse vallée de *Tempe*. Quant à quelque détail de lieux particuliers, *Gomphi*, *Tricca*, se distinguent vers le haut du Pénée, & la dernière de ces villes est connue sous le nom de Tricala. On reconnoît le nom d'*Oloosson* dans Alessone. *Azorus* étoit la ville principale d'une Pélogonie surnommée *Tripolitis*, ou des trois villes, vers la frontière de la Macédoine, comme l'expédition d'un général Romain contre Persée le fait connoître. Ioannina, qui est actuellement une ville de considération, mais qui ne donne point le nom de Ianna à la Thessalie, quoique des cartes & des livres le veulent ainsi, paroît avoir tiré ce nom d'un fleuve nommé *Ion*, affluant dans le Pénée. Si l'on passe ensuite au midi du Pénée, *Pharsalus*, sur le fleuve *Enipeus*, reçu par l'*Apidanus*, ce lieu qu'une fameuse journée rendra toujours mémorable, conserve dans les cartes le nom de Farsa.

Plus près de la mer, & au-delà de *Pheræ*, *Demetrias*, qui devoit ce nom & sa fondation à Demetrius Poliorcete, au fond du golfe appelé *Pelasgicus*, qui prend aujourd'hui le nom de Volo, étoit une des places que l'on jugeoit propres à donner des chaînes à la Grèce. Sur le côté du golfe, la ville de *Thebæ* étoit distinguée de la Béotienne par le surnom de *Phthioticæ*. L'entrée du golfe avoit un port, duquel on prétendoit qu'étoit sorti le navire des Argonautes, & dont le nom d'*Aphetæ* conserve quelque ressemblance dans celui de Fetio. *Magnesia* au dehors du golfe, près du promontoire *Sepias*, où la flotte de Xerxés fut battue par la tempête, communiquoit son nom à un canton de pays. Vis-à-vis sont rangées plusieurs isles, au midi du golfe Thermaïque, *Sciathus*, *Scopelus*, *Halonnesus*, *Peparethus*, dont les deux premières conservent leur nom.

Mais, en rentrant dans les terres, nous ferons mention d'une ville située avantageusement en lieu élevé, & dominant immédiatement sur les plaines de la Thessalie. Elle étoit appelée *Thaumaci*, parce qu'on étoit comme surpris d'admiration à cet aspect, en sortant d'un pays montueux, & des gorges qu'il faut traverser pour entrer en Thessalie par le côté limitrophe de la Phocide. *Lamia* est remarquable pour avoir donné le nom à une guerre que les Grecs eurent avec la Macédoine après la mort d'Alexandre. Le *Sperchius* n'en est pas fort éloigné. Ce fleuve sortant de la partie la plus reculée du mont *Œta*, & ayant passé *Hypata*, dont les femmes étoient réputées habiles dans la magie, tombe dans le sinus *Maliacus*, qui succede au *Pelasgicus*. Plus loin, & sur le côté méridional de ce golfe, sont les lieux les plus resserrés jusqu'au fameux défilé des Thermopyles. Dans une petite plaine entre les montagnes, étoit placée une ville nommée *Trachys*, comme qui diroit âpre, ou *Heraclea Trachynia*, du nom d'Hercule, que l'on difoit s'être jetté dans le bucher allumé fur le mont *Œta*, qui eft peu éloigné. Cet emplacement n'eft pas demeuré vide, & contient une ville nommée Zeiton, dont le golfe Maliaque prend aujourd'hui le nom.

Après avoir terminé la Theffalie, il faut revenir vers la mer Ionienne. Ce qui s'appeloit *Acarnania*, & dont le nom n'eft pas entièrement perdu aujourd'hui dans celui de Carnia, étoit féparée de l'Epire par le *finus Ambracius*. Cette contrée bordoit enfuite le rivage de la mer, jufqu'à l'embouchure du fleuve *Achelous*, dont le cours faifoit la féparation de l'Acarnanie d'avec l'Etolie. Ce fleuve, qui defcend du mont *Pindus*, fe nomme aujourd'hui Afpro potamo, ou fleuve blanc, & on eft informé qu'il en fort une dérivation que l'on croit avoir fon iffue dans le golfe d'Arta, ou d'Ambracie. Il fe rend dans la mer vis-à-vis des *Echinades*, petites ifles plates, & prefque unies au continent par les alluvions de ce fleuve; & à l'écart, ou plus au large font d'autres isles pointues, *Oxiæ*, nommées aujourd'hui Curzolari. *Anactorium* étoit la première place en entrant dans le golfe; elle précede la position d'*Actium*, dont l'emplacement en ruine se distingue sous le nom d'Azio; & c'est dans un bassin antérieur au plus grand enfoncement du golfe, & que deux pointes opposées resserrent au-delà d'Azio, que s'est livré le fameux combat naval, qui décida de l'empire du Monde entre deux rivaux qui se le disputoient. Dans le plus reculé du golfe, *Argos* surnommé *Amphilochicum*, donne encore aujourd'hui au canton où cette ville existoit le nom de Filoquia. Il est parlé de *Stratus* comme d'une ville forte en Acarnanie, à laquelle on remontoit par l'*Achelous*. Celle d'*Œniadæ* étoit placée près de l'entrée du fleuve. Mais, ce qui regarde l'Acarnanie, nous fera sortir du continent. *Leucadia*, qui conserve le même nom, & qui a porté aussi celui de *Neritus*, étant primitivement une péninsule, avoit été isolée, en creusant une plage basse & étroite, par laquelle cette portion de terre prolongée en mer tenoit à la terre-ferme. La ville de *Leucas*, qui lui donnoit le nom, n'étoit point en même position que celle d'une place Vénitienne nommée sainte-Maure. *Cephallenia*, dont le nom dans l'usage actuel s'écrit Cefalonia, étant en situation plus immédiate de Leucadia que de tout autre endroit dont nous ayons à parler, doit trouver place ici. Une ville de même nom que l'isle dans l'intérieur, est remplacée par un lieu nommé Borgo; & près du rivage oriental, on trouve un emplacement sous le nom de *Same*, & ce nom a été appliqué à l'isle même. Un canal de mer sépare ce rivage d'une autre isle, appelée la petite Cefalonie, mais dont le nom propre de Theaki paroît représenter celui d'*Ithaca*, qu'il seroit absurde de rapporter à un écueil au-devant de Theaki, d'après le nom d'Iotaco qu'on lui fait porter. On voit dans Homère qu'Ulisse commandoit aux Céphalléniens, sans quoi son domaine eût été fort étroit.

Ætolia, l'Etolie, succede à l'Acarnanie, & du bord de la mer s'enfonce dans les montagnes jusqu'aux confins de la Thessalie, que des Valaques qui y ont été transportés par des empereurs Grecs habitent aujourd'hui, d'où vient que ce canton a pris le nom de Vlakia. On voit les Etoliens jouer un assez grand rôle dans la Grèce sous les derniers rois de Macédoine, mais réduits ensuite par les Romains. Le fleuve *Evenus*, qui traverse tout le pays dans sa longueur, est aujourd'hui appelé Fidari. Il faut citer *Calydon* vers le bas du cours de cette rivière. Mais, la principale des villes de l'Etolie dans l'intérieur du pays étoit *Thermus*, qu'une expédition de Philippe fils de Demétrius, nous fait connoître, avec quelques autres circonstances locales du même canton.

Il faut pour entrer dans la Phocide, parler des *Locri*, surnommés *Ozolæ*, comme qui diroit *male olentes*, ou les puans, d'après ce que débitoit la fable, que les fleches d'Hercule, trempées dans le sang de l'hydre de Lerne, y ayant été enterrées par Philoctete, exhaloient une mauvaise odeur. On les distinguoit aussi par le surnom d'*Hesperii*, ou d'occidentaux, de ceux qui habitoient à l'orient de la Phocide vis-à-vis de l'Eubée. *Naupactus*, que nous appelons Lepante, par une étrange dépravation du nom d'Enebect, formé par les Grecs de celui de Naupact, est la principale ville de cette Locride. Il est à remarquer, que selon l'antiquité, le *sinus Corinthiacus* prend son commencement sur la côte d'Etolie depuis l'entrée de l'Acheloûs, avant que d'être très-resserré par deux pointes opposées, *Rhium* & *Anti-Rhium*, qui ont aujourd'hui des châteaux, que l'usage est d'appeler Dardanelles de Lepante, le nom de Lepante s'étant même communiqué au golfe. Et c'eſt auſſi dans cette partie antérieure du Corinthiaque, & non ſous Lépante, qui eſt au-delà du détroit, que la flotte Chrétienne & l'Ottomane combattirent en 1571. Dans le fond du pays, *Amphiſſa*, qui a pris le nom de Salona, eſt de la Locride. *Phocis*, ou la Phocide, n'offre rien de plus célèbre que *Delphi*, & le *Parnaſſus mons*, qui couvre cette ville vers le nord. Delphes eſt aujourd'hui un petit lieu nommé Caſtri, & la pointe du Parnaſſe la plus élevée ſe nomme Heliocoto. *Criſſa*, au midi de Delphes, donnoit le nom de *Criſſæus ſinus* à la partie du Golfe Corinthiaque que l'on nomme aujourd'hui Golfe de Salone. *Anti-Cyrrha* dans le col d'une péninſule, a pris le nom d'Aſpro-ſpitia. Une petite contrée, *Doris*, ou la Doride, reculée dans les montagnes de l'intérieur du pays, donne naiſſance au fleuve *Cephiſſus*; & près de ſon cours, *Elatia*, la plus grande des villes de la Phocide, n'exiſte plus que dans le lieu appelé Turco-chorio. Les *Locri*, que la ville d'*Opus* faisoit surnommer *Opuntii*, & ceux qui du mont *Cnemis* tiroient le nom d'*Epi-Cnemidii*, bordoient la mer qui sépare cette partie du continent d'avec l'Eubée. Le fameux détroit des *Thermo-pilæ*, où le pied du mont *Œta* ne laisse que le passage d'un chariot jusqu'au rivage, tient aux Epi-Cnemides. Des Thermes, ou bains chauds, dans ce passage, donnoient le nom à ce qu'on appeloit en même tems des portes, dont une poignée de Lacédémoniens entreprit de défendre l'entrée à l'armée de Xerxés.

Bœotia, la Béotie, succédant à la Phocide, s'étend le long de la mer vis-à-vis de l'Eubée, & touchant d'un autre côté au Golfe Corinthiaque, elle est limitrophe de l'Attique du même côté, qui regarde le midi. La terre y étant grasse & fertile, l'air plus épais que dans l'Attique, dont le sol est sec & stérile, on croyoit voir de la différence dans les esprits & le génie des naturels de ces deux contrées. Un lac spacieux, nommé *Copais*, qui reçoit le *Cephissus*, & dont les eaux passent sous une croupe de montagne, communique par plusieurs émissaires avec la mer, que cotôye la montagne. Dans l'intérieur du pays, *Thebæ*, qui devoit sa fondation à Cadmus, venu de Phénicie, & duquel la citadelle de cette ville tiroit le nom de *Cadmea*, conserve quelques restes sous le nom de Thiva. Détruite par Alexandre, qui n'épargna que la maison de Pindare, elle se releva de ses ruines. *Lebadea*, que distinguoit l'oracle de Trophonius dans un antre où l'on se précipitoit, paroît aujourd'hui la ville dominante, d'où vient que le pays porte d'une manière impropre le nom de Livadie dans les cartes. *Cheronæa*, que la victoire de Philippe pere d'Alexandre sur les Grecs, & celle de Sylla sur les généraux de Mithridate, rend célèbre dans l'histoire, & plus recommandable pour avoir donné la naissance à Plutarque, se trouve comme la ville précédente reculée dans le nord de la Béotie, vers la Phocide. *Orchomenus* étoit réputée d'une si grande opulence dans les premiers tems, que ses richesses passoient en proverbe. *Haliartus* sur le côté du Copaïs fut détruite par les Romains dans la guerre de Macédoine. Le dos que forme l'*Helicon*, nommé aujourd'hui Zagaro-vouni, couvre au nord la ville de *Thespiæ*, & le fond du Golfe Corinthiaque; & on peut citer *Leuctra*, qui n'en est pas loin, comme un lieu que la victoire d'Epaminondas sur les Lacédémoniens a illustré. *Plataeæ*, dont le nom rappelle la défaite des Perses commandés par Mardonius, est séparée d'*Eleutheræ* par le mont *Cytheron*. L'*Asopus*, qui traverse la plaine, que borne le mont *Parnes*, en séparant la Béotie d'avec l'Attique, rencontre la mer au-dessous de *Tanagra*. *Aulis* étoit un port, où se fit l'embarquement des Grecs pour se rendre devant Troie, &

on en connoît deux, Megalo & Micro-Vathi, grand & petit port, voisins comme étoit Aulis de l'Euripe, dont il sera parlé en traitant de l'Eubée.

Le nom d'*Attica* dérivoit du terme grec *Actè*, désignant une terre bordée par la mer, comme en effet l'Attique en est resserrée de deux côtés. Nous l'étendrons jusqu'à l'Isthme, en y comprenant la Mégaride, qui néanmoins prétendoit tenir lieu d'un canton particulier sans dépendance. *Athenæ*, dont la gloire est assez connue du côté des beaux arts, qui de son sein se sont répandus chez les nations où ils ont été le mieux cultivés, conserve son nom sous la forme d'Atheni ; & c'est par dépravation, & en y attachant la préposition de lieu, qu'Athènes s'appelle Setines, selon qu'en parlent des gens peu instruits. Cette ville située à quelque distance de la mer, avoit néanmoins trois ports, dont le principal, quoique le plus éloigné, nommé *Piræus*, aujourd'hui Porto-leone, avoit une communication avec la ville, par le moyen de deux longs murs dans un espace de 40 stades. *Munychia* & *Phalerus* étoient les autres ports. Entre les montagnes de l'Attique, *Hymettus* & *Pentelicus*, assez près d'Athènes, sont les plus connues, la première de ces montagnes par le miel qu'elle donne, la seconde par son marbre. On sçait combien les mystères de Cérès distinguent *Eleusis*, dont le nom se prononce aujourd'hui Lefsina. *Salamis* par son étendue, ne laisse que des passages étroits pour entrer dans l'anse que forme la mer devant cette ville, & cette isle prend le nom de Colouri d'un lieu qu'elle renferme. En se tournant d'un autre côté, il faut dire que *Marathon* conserve sur le lieu un nom, que la victoire des Athéniens sur les Perses a rendu mémorable. Entre les événemens de la guerre du Péloponnèse, une circonstance particulière met de l'intérêt à connoître la position de *Decelia*, sur la route d'Athènes à Chalcis en Eubée. L'Attique fort retreſſie entre deux mers, ſe termine au promontoire *Sunium*, que des colonnes encore debout d'un temple de Minerve Suniade font nommer Capo Colonni. Il n'eſt ſéparé vers le levant que par un canal étroit d'une iſle longue, nommée par cette raiſon *Macris*, autrement *Helena*, & qui conſerve le nom de Macro-niſi. Mais, il ne faut point quitter l'Attique ſans parler de *Megara*. Son diſtrict appelé *Megaris*, ſéparé d'Eleuſis par une croupe de montagne, ſe prolongeoit vers l'Iſthme. La ville conſerve ſon nom, un peu à l'écart du rivage de la mer, où elle avoit un port, nommé *Nyſæa*.

Eubœa, l'Eubée, couvrant la Béotie & l'Attique, dont elle n'eſt ſéparée que par un canal de mer aſſez retreſſi dans un endroit pour ſouffrir d'être couvert d'un pont, veut être compriſe dans notre objet actuel. *Chalcis* étoit la ville principale de cette grande iſle, & une des trois dont la poſſeſſion, ſelon qu'en jugeoit un roi de Macédoine, pouvoit donner des chaînes à la Grèce. Située sur l'*Euripus*, où sous les arches d'un pont, qui donne passage dans le continent de la Béotie, se fait un mouvement de marée aussi régulier qu'extraordinaire, cette ville en tire aujourd'hui le nom d'Egripo, par une altération de celui qui chez les Grecs modernes se prononçoit Evripo ; & de ce nom d'Egripo l'ignorance des gens de mer a fait celui de Negrepont, qui déshonore en quelque manière les cartes où il se trouve. *Eretria* ne le cédoit en Eubée qu'à Chalcis : elle en étoit peu distante sur le même rivage, & un lieu que les Grecs d'aujourd'hui appellent Gravalinais, pourroit y répondre. Dans la partie la plus reculée vers le nord, vis-à-vis de l'entrée du Golfe Pélasgique, *Oreus*, autrement *Istiæa* d'un nom primitif, étoit une place de considération, & le nom d'Orio subsiste encore sur le lieu. On reconnoît pareillement *Ædepsus* dans le nom de Dipso. A l'extrémité méridionale de l'Eubée, *Caryſtus*, dont le marbre étoit eſtimé, conſerve le nom de Cariſto. L'antiquité parle du *Caphareum promontorium*, qui en même hauteur regarde la Mer Egée, comme d'un endroit périlleux pour la navigation.

PELOPONNESUS.

Le Péloponnèſe tiroit ſon nom de Pélops, fils de Tantale roi de Phrygie, avec l'addition d'un terme Grec, qui déſigneroit cette terre comme étant une iſle, quoiqu'un terrein reſſerré, ou un iſthme, pour s'exprimer également en Grec, en faſſe une péninſule ou preſqu'iſle adhérante au continent. Sa figure fort échancrée par pluſieurs golfes, l'a fait comparer à une feuille, & c'eſt d'après celle du meurier que le nom de Morée lui eſt donné. Six contrées différentes partageoient entre elles le Péloponnèſe : *Achaia, Argolis, Laconia, Meſſenia,* sénia, *Elis*, rangées successivement sur la mer dans la circonférence du pays, & *Arcadia* qui en occupoit l'intérieur. Un détail de rivières & de montagnes est réservé à la description particulière de ces contrées. On peut néanmoins citer d'avance deux fleuves principaux, *Alpheus* & *Eurotas*; le premier prenant sa source en Arcadie sur les confins de la Laconie, & quittant l'Arcadie pour traverser l'Elide; le second ayant son cours renfermé dans l'étendue de la Laconie, où il porte actuellement le nom de Vasili-potamo, ou de fleuve royal. Pour ce qui concerne différens golfes aux environs du Péloponnèse, sa partie septentrionale borde le *Sinus Corinthiacus*; le *Saronicus* s'ouvre entre l'Argolide & l'Attique; l'*Argolicus* lui succede entre l'Argolide & la Laconie; le *Laconicus* & le *Messeniacus* creusent ensuite l'un après l'autre, & séparés par un grand promontoire, la partie méridionale; qui

M

étant suivie de l'occidentale, celle-ci regarde la Mer Ionienne.

Achaia, l'Achaïe, est une bande de terre, qui le long du Golfe Corinthiaque remplit le nord du Péloponnèse depuis l'Isthme, en y comprenant les districts de Corinthe & de Sicyone, qui ont leurs noms particuliers de *Corinthia* & de *Sicyonia*. Il est remarquable, que ce fut sous le nom des Achéens, qu'environ cent cinquante ans avant l'Ere chrétienne, la Grèce eut à combattre contre les Romains pour sa liberté. D'où il est arrivé, que c'est sous le nom d'*Achaia*, que la Grèce conquise alors devint une province Romaine, & le nom de *Græcia* ne paroît point entre ceux des provinces que cite la Notice de l'Empire. L'Isthme, qui donne entrée dans le Péloponnèse, est aujourd'hui appelé Hexa-mili, par une évaluation de sa largeur à six milles, d'après le mille grec moderne, plus court que n'étoit le mille romain. Un lieu appelé *Isthmus*, étoit destiné à la célébration des jeux appelés Isthmiques, & qui dans ce lieu resserré par deux mers, étoient consacrés à Neptune. *Corinthus*, ville très-puissante, dont la situation au débouché de l'Isthme pouvoit faire une des entraves de la Grèce, & qui avoit deux ports peu éloignés, *Lechæum* sur le Golfe Corinthiaque, *Cenchreæ* sur le Saronique, une citadelle sur la pointe d'une montagne, & nommée par cette raison *Acro-Corinthus*, fut redevable à César d'être rétablie, après avoir été détruite de fond en comble dans la guerre des Romains contre la ligue Achéenne. Quelques habitations dans l'emplacement qu'elle occupoit, sont vulgairement appelés Corito. *Sicyon*, qui avoit eu des rois dans un tems très-reculé, a pris le nom de Basilico. Dans l'intérieur de la Sicyonie, que traverse un fleuve nommé *Asopus*, *Phlius* est une ville à citer, & son nom paroît encore avec la préposition de lieu dans la dénomination actuelle de Sta-Phlica. *Pellene* écartée de la mer, fort de ce diſtrict; & après avoir fait mention d'*Ægira*, nous paſſerons à *Ægium*, où ſe tenoient les états de l'Achaïe, & qu'on croit remplacé par Voſtitza ſur le bord du golfe. *Patræ* ſubſiſte ſous le nom de Patras; & le nom de Triti fait connoître la poſition de *Tritæa*, dans le fond du pays. *Dyme* étoit la dernière ville d'Achaïe ſur le golfe, que termine le promontoire *Araxum*, aujourd'hui appelé Papa.

La contrée du nom d'*Argolis* tiroit ce nom de la ville d'*Argos*, une des plus renommées de la Grèce, & il exiſte encore un lieu auquel le nom d'Argo eſt reſté. Son petit fleuve, qui du nom du plus ancien des rois du pays étoit appelé *Inachus*, ſe perd dans un marécage près de la mer. *Mycenæ* devenue après Argos la réſidence des rois, fut celle d'Agamemnon. *Tyrins* avoit ſervi de demeure à d'autres princes, & ſa ſituation ſingulière & profonde entre des montagnes, dont l'entrée est une gorge étroite que traverse le lit d'un torrent, se trouve exprimée par le nom de Vathia, que ce lieu porte aujourd'hui. Il faut faire mention de *Nemea*, sur les confins de la Corinthie. *Nauplia*, est aujourd'hui une place de considération, que l'usage est d'appeler Napoli, au lieu de Napli, avec le surnom de Romanie, & qui communique aujourd'hui son nom au golfe Argolique, dans le fond duquel cette place est située sur une langue de terre. A cette hauteur sur le rivage opposé, on retrouve dans un étang appelé Molini le lac *Lerna*, que son hydre a rendu fameux, comme un lion tué de même par Hercule fait parler de Neméе. *Epidaurus*, sur le Golfe Saronique, & qu'un culte particulier rendu à Esculape distinguoit, conserve son nom sous la forme de Pidavra. *Ægina* est directement vis-à-vis, & peu distante du continent de l'Argolide; & on voit dans l'histoire les

Eginetes être puissans par leur marine. L'altération du nom a fait celui d'Engia, par lequel le Golfe Saronique est aussi désigné. Un lieu nommé Damala a pris la place de *Trœzen*, & des restes d'*Hermione* s'appellent Castri. Le *Scyllæum promontorium*, qui est la pointe du Péloponnèse la plus avancée vers le levant, & faisant face au *Sunium* de l'Attique, conserve le nom de Skilleo.

Le pays des Lacons, *Laconia*, succede à l'Argolide. Son nom sous l'Empire Grec a pris la forme de Tzaconia, & on ne devroit point voir dans des cartes le nom de Sacanie en pleine Argolide. On sçait combien les loix de Sparte, & la valeur des Spartiates distinguoient la nation dans la Grèce. On sçait encore, que les noms de *Lacedæmon* & de *Sparta* étoient communs à la même ville. Le fleuve *Eurotas* l'enveloppoit en forme de péninsule, & le lieu qu'occupoit cette ville est appelé Paleo-chori, ou le vieux bourg. La ville nouvelle sous le nom de Mifitra, que l'on a tort de confondre avec Sparte, en eſt écartée vers le couchant. Le culte d'Apollon donnoit quelque luſtre à *Amyclæ*, peu loin de Sparte vers le midi. En ſe portant ſur la côte du Golfe Argolique, le lieu plus remarquable eſt *Epidaurus* avec le ſurnom de *Limera*, dont l'emplacement eſt aujourd'hui appelé Malvafia-vecchia, comme étant voiſin de Napoli de Malvafie, place forte ſur un monticule iſolé. Le promontoire *Malea*, qui termine cette côte, conſerve le nom de Malio, quoiqu'autrement appelé Sant-Angelo. *Cythera*, aujourd'hui Cerigo, cette iſle que l'on ſçait avoir été conſacrée particulièrement à Vénus, eſt peu loin de ce promontoire. Dans l'enfoncement du Golfe Laconique, *Gythium*, dont le nom ſe fait diſcerner dans celui de Colo-Kytia, actuellement en uſage, & communiqué en même tems au golfe, ſervoit de port à la ville de Sparte. Le *Tænarium promontorium*, qui eſt la terre du Péloponnèse la plus avancée vers le midi, se nomme aujourd'hui Matapan, du mot Grec *Metopon* qui signifie Front. Il est couvert d'une grande montagne, dont le nom étoit *Taygetus*, & qui prolongée vers le nord se joint aux montagnes de l'Arcadie. Elle est habitée par une nation particulière, qui tire son nom de Maïnote d'un château nommé Maïna, situé sur le penchant qui regarde le couchant, mais dont il ne convient point d'étendre le nom, comme dans les cartes, à toute la Laconie. Des places, la plupart maritimes, ayant été distraites du gouvernement de Lacédémone par Auguste, cet affranchissement fit la distinction de ce qu'on appela *Eleuthero-Lacones*, ou Lacons libres.

La Messénie couvre le fond du golfe, qui du nom de *Messenia* étoit appelé *Messeniacus*, & au dehors de ce golfe elle borde la Mer Ionienne. Le fleuve *Pamisus*, dont il est parlé comme étant plus considérable, que la longueur de son cours n'en feroit juger, est reçu dans le golfe vers le milieu de son enfoncement. *Messene*, qui donnoit le nom au pays, étoit reculée dans les terres vers la frontière de l'Arcadie. Ses vestiges sont appelés dans le pays Mavra-matia, ou les yeux noirs, selon la signification qu'on y attache ; & le mont *Ithome*, qui lui servoit de citadelle, est nommé Vulcano. *Stenyclarus* se rapporte à un lieu, dont le nom est Nisi. *Corone* conserve celui qui lui est propre. Au-delà du promontoire *Acritas*, aujourd'hui capo Gallo, qui ferme le golfe, les isles *Œnussæ* sont Sapienza & Cabrera, à la vue de *Methone*, ou de Modon. *Pylus* prend là position de Navarin. Mais, la ville de même nom dans Thucydide, & dont le port étoit couvert par une petite isle, nommée *Sphacteria*, dans laquelle une troupe de Spartiates fut enveloppée par les Athéniens, ne convient point à cette position, comme elle convient à celle dont le nom actuel est Zonchio, autrement Avarino vecchio, & celui-ci paroît dérivé d'*Erana*, dont il est mention dans l'antiquité. *Cyparissus* répond au lieu qui aujourd'hui est appelé l'Arcadia ; & la mer y creusant le rivage, cet enfoncement assez marqué étoit appelé *Cyparissius sinus*. L'embouchure du fleuve *Neda*, dont la source est en Arcadie, termine la Messénie. Vers les bords de ce fleuve, la forteresse d'*Ira*, qui fut le dernier rempart où tinrent les Messéniens contre leurs ennemis déclarés les Lacédémoniens, ne veut point être oubliée ici.

Elis, l'Elide, couchée le long de la Mer Ionienne jusqu'aux frontières de l'Achaïe, est limitrophe de l'Arcadie vers l'orient. Sa partie méridionale, contiguë à la Messénie, étoit distinguée par le nom de *Triphylia*, & dans ce canton étoit un lieu du nom de *Pylus*, qui disputoit à celui de la Messénie l'honneur d'avoir appartenu au vieux Nestor, qui joue un rôle dans l'Iliade, l'antiquité elle-même n'étant point décidée sur cet article. *Olympia*, dont le nom est si distingué par les plus célèbres des jeux qui fussent donnés dans la Grèce, bordoit la rive gauche de l'Alphée, à quelque distance de son embouchure; & *Pisa* lui étoit opposée sur l'autre rive. On n'imagine peut-être pas, qu'on soit incertain sur la correspondance du lieu qu'on auroit une grande curiosité de connoître, & que d'y rapporter celui dont on trouve le nom sous la forme de Rofeo, par altération d'Alfeo, n'est qu'une simple présomption. *Elis*, qui donnoit le nom à cette partie du Péloponnèse, & décorée de la prérogative de présider aux jeux Olympiques, étoit située dans le canton de l'Elide le plus spacieux, sur un fleuve de même nom que le Pénée de la Thessalie, sans lui être comparable en grandeur. On croit qu'un lieu nommé Gastouni tient la place de cette ville. Il y avoit encore un lieu du nom de *Pylus*, plus avant dans le pays que n'étoit Elis. Mais fur la mer, dont *Elis* étoit écartée, *Cyllene*, aujourd'hui lieu inhabité fous le nom de Chiarenza, étoit le port des Eléens. Un promontoire nommé *Chelonites*, & actuellement Cap Tornèfe, est la pointe du Péloponnèfe la plus avancée vers le couchant, & qu'un canal de mer sépare de *Zacynthus*, ou de l'isle de Zante. Deux écueils plutôt que des isles au midi de Zante, sont les *Strophades*, que les poètes ont fait habiter par les harpyes, & dont le nom actuel est Strivali.

Il nous reste à parler de la contrée, qui sous le nom d'*Arcadia* n'ayant aucune communication avec la mer, tenoit par quelque endroit de ses limites à chacune des autres parties du Péloponnèfe. La nature du pays environné de montagnes, & propre à nourrir du bétail, avoit déterminé le peuple à la vie pastorale, plutôt qu'à un autre genre de vie, & les bergers de l'Arcadie, & du mont *Mænalus* en particulier, sont célébrés par les poëtes. En entrant dans ce pays par le côté de l'Argolide, *Mantinea* étoit la première ville qui se présentât, & une victoire qu'Epaminondas remporta sur les Lacédémoniens en y perdant la vie, a illustré cette ville. On estime qu'elle est remplacée par celle de Trapolizza ; & on conjecture que *Tegea*, qui figuroit sur la même frontière, pourroit se rapporter à un lieu nommé Moklia. Au nord de Mantinée, il faut citer une ville du même nom d'*Orchomenus* que celle de Béotie, & le lac *Stymphalus*. En s'approchant de la frontière d'Achaïe, & du mont *Cyllene*, où l'on vouloit que Mercure eût pris naissance, *Pheneos* se fait reconnoître par le nom de Phonia. Le *Ladon*, & sur les limites de l'Elide *Erymanthus*, sont des fleuves que reçoit l'Alphée. *Heræa* sur le bord de ce fleuve, étoit voisine de ces limites. Un lieu dont le nom est Garitena, paroît indiquer la position de *Gortys*. *Megalopolis*, ou la grande ville, construite par le conseil d'Epaminondas sur la frontière de Laconie, pour servir de boulevard à l'Arcadie, & près d'un fleuve nommé *Helisson*, qui va joindre l'Alphée, répond à ce que l'on croit au lieu moderne de Leondari. Nous terminerons cet article de l'Arcadie, en faisant mention du *Lycæus* comme d'une des principales montagnes du pays, ayant au pied une ville nommée *Lycosura*, limitrophe de la Messénie.

CRETA, et CYCLADES.

L'isle de Crete, que rien ne pouvoit rendre plus considérable dans l'antiquité que d'avoir donné la naissance à Jupiter, conserve son nom sous la forme d'Icriti, selon que le prononcent les Turcs; & l'application du nom de la capitale, qui est Candie, à l'isle même, paroît venir de l'usage qu'en ont fait les Italiens. Cette isle s'étend en longueur d'occident en orient, formant deux promontoires, d'un côté *Criu-metopon*, ce qui signifie front de bélier, aujourd'hui simplement Crio, de l'autre, *Samonium*, vulgairement Salamone. Un autre promontoire qui s'avance vers le nord, & appelé Spada, se nommoit autrefois *Cimarus*. Entre les montagnes qui règnent dans la longueur de l'isle, *Ida*, où l'on vouloit que Jupiter eût été nourri dans son enfance, s'éleve au centre du pays. *Cnossus*, *Gortyna*, *Cydonia*, étoient trois villes dominantes en Crete. La première, à quelque distance du rivage septentrional de l'isle, & qu'on disoit avoir servi de résidence à Minos, n'a point laissé de vestiges que l'on connoisse. Candie moins reculée vers l'orient que n'étoit *Cnossus*, est une ville nouvelle, qui a commencé par être un poste de Sarazins dans le neuvième siècle. Les ruines de *Gortyna* sont connues, en s'éloignant de Candie vers le midi, sur un petit fleuve qui étoit nommé *Lethæus*, dans la distance convenable à l'égard des ports que cette ville avoit fur la côte méridionale. Des routes fouterraines dans un lieu des environs, femblent repréfenter un Dædale ou Labyrinthe, qu'on est curieux de retrouver dans ce pays. La Canée, qui eft une des villes principales de l'ifle, a remplacé *Cydonia*, où devoit être fon port fous le nom de *Minoa*. *Cifamus*, qui conferve le nom de Kifamo fur le côté du Cap Spada, fervoit de port à une ville nommée *Aptera*; & une autre ville nommée *Polyrrhenia*, nous eft indiquée comme étant au couchant de Cydonie. *Amphimalia* eft un golfe, fur un des côtés duquel eft la fortereffe ifolée nommée la Suda. La pofition actuelle de Retimo, fur le même rivage feptentrional, nous donne celle de *Rhitymnæ*. Il faut faire mention de *Lyctos*, une des principales villes du pays, dans la partie orientale, & dont on découvre le nom en celui de Laffiti. Ecartée dans les terres, fon port de *Cherronefus* convient à ce qu'on nomme Spina-longa, quoique le nom de Cherronesi soit aujourd'hui transporté au Porto Tigani. *Hiera-pytna*, où la largeur de l'isle rétrécie par les deux mers n'est que de 60 stades, subsiste sous le nom vulgaire de Girapetra. Il y a quelques isles aux environs de Crète ; *Dium*, à la bande septentrionale, aujourd'hui Stan-dia ; *Gaulos* vers le sud, ou Gozo de Candie, comme il y a un Goze de Malte. La petite isle d'*Ægilia*, dans le canal qui sépare Cythère ou Cérigo d'avec Crète, a pris le nom de Cérigotto.

On a dit, que les isles appelées *Cyclades* du terme grec *Kuclos*, devoient ce nom à ce qu'elles entourent Délos, quoiqu'il fût plus convenable de dire, qu'elles sont ramassées entre elles, dans une même partie de la Mer Egée adjacente à la Grèce. Il est à propos d'ajouter à cette remarque, que le nom d'Archipel, comme on appelle aujourd'hui cette mer, n'est autre chose qu'une altération de celui d'Egio-pelago, selon la forme du Grec moderne, bien loin d'être une expression de préférence sur quelque autre mer. Après avoir doublé en y entrant le promontoire Malée du Péloponnèse, la première isle qui se présente, & considérable entre les Cyclades, est *Melos*, ou Milo. *Cimolus*, qui est adjacente, a pris le nom de l'Argentière, quoique celui de Kimoli soit encore connu. *Siphnus* est Siphanto, *Seriphus*, Serpho, *Cythnus* a changé ce nom pour celui de Thermia. *Ceos*, aujourd'hui Zia, est voisine du promontoire Sunium, & plus considérable que les trois précédentes. *Andros* s'allonge vers l'extrémité méridionale de l'Eubée ; & *Tenos*, ou Tine comme on dit aujourd'hui, n'est séparée d'une pointe d'Andro que par un canal étroit, ayant sur le côté *Syros*, ou Syra. Parlons maintenant de la fameuse *Delos*, que l'opinion d'avoir vu naître de Latone, Apollon & Diane, avoit mis en si grande considération, que le respect pour ce lieu en fit pendant un tems le dépôt sacré des richesses que la Grèce mettoit en réserve, avec la jouissance de toute immunité à l'égard du commerce. C'est un petit morceau de terre, d'environ trois milles en longueur, moins d'un mille en largeur, qui ne montre aujourd'hui que des ruines; & en y joignant *Rhenea*, qui en est très-proche sur un côté, ces deux isles sont appelées *Sdili*. *Myconus*, Myconi, est voisine de Délos d'un autre côté, ou celui du levant. De-là en tirant au midi, *Naxos*, la plus grande des Cyclades, fertile en vins, & où Bacchus étoit honoré d'un culte particulier, s'appelle Naxia. *Paros*, dont le marbre blanc étoit fort estimé, en est proche vers le couchant, & une isle adjacente qu'on appelle Anti-Paro, se nommoit *Oliarus*. *Amorgus* garde le nom d'Amorgo. Le nom d'*Ios* se prononce Nio, *Sicinus* & *Pholegandrus*, Sikino & Policandro, sont peu de chose. *Thera* s'est illustrée par la fondation de Cyrene dans la Libye. Un volcan a fort endommagé cette isle, que l'on nomme Santorin. *Anaphe* est Nanphio. Enfin, *Astypalæa*, Stanpalie, peut être rangée entre les Cyclades, comme la plus écartée vers le levant. Les Sporades qui sont au-delà, appartiennent à l'Asie, & n'entrent point dans notre objet actuel. Mais, il ne faut point omettre une isle écartée des précédentes, & par le travers de l'Eubée, *Scyros*, que l'exil de Thésée, & le séjour d'Achille ont illustrée, & à laquelle le nom de Skiro est demeuré. Nous remettons à parler de *Lemnos*, comme étant plus reculée, & à la hauteur de la Troade, qu'il soit question de cette partie d'un autre continent.

VIII.
THRACIA
ET
MŒSIA.
DACIA.

THRACIA.

La première des contrées que nous rassemblons dans cette section, la Thrace, s'étend depuis la frontière de la Macédoine, & le long de la Mer Egée & de la Propontide, jusqu'au Pont-Euxin; & le mont *Hæmus* vers le nord la sépare d'avec la Mœsie. Il en est parlé dans l'antiquité comme d'un pays sauvage, qui n'est fertile que dans les endroits voisins de la mer, habité par des nations adonnées au brigandage, & d'un naturel répondant aux circonstances du local. Le mont *Rhodope* l'enveloppe vers le couchant, comme l'*Hæmus* vers le nord, & une branche de celui ci, s'étend jusqu'au point d'approcher du Bosphore. Un grand fleuve sorti des vallée qui sont entre l'Hæmus & le Rhodope, *Hebrus*, qui a pris le nom de Mariza, vient tomber dans la Mer Egée, après avoir reçu un grand nombre de rivières qui ont leur cours dans la même étendue de pays. On voit la Thrace partagée entre plusieurs rois, avant la domination Romaine, & elle n'est point devenue province de l'Empire avant le règne de Claude. Dans la multiplication que le siècle de Dioclétien & de Constantin apporta à l'égard des provinces, la Thrace en forma plusieurs. Ce qui borde la Propontide fut appelé *Europa*, comme étant l'entrée de l'Europe vis-à-vis de la terre d'Asie, qui n'en est séparée que par le canal étroit du Bosphore. *Hæmi-montus* fut le nom d'une autre province, qui descendoit jusque sur l'Hebre. *Rhodope* bordoit la Mer Egée; & le nom de *Thracia* fut réservé à une portion de pays vers les sources de l'Hebre. C'est improprement que le nom de Romanie paroît affecté à la Thrace dans les cartes. Roumiíli, ou Roum-Vilaiet, dans l'état actuel des choses, n'est point une dénomination de contrée qui soit particulière à la Thrace; elle est propre également à la Grèce.

Après ce préliminaire, si l'on part des limites de la Macédoine pour entrer dans le détail du pays, le fleuve *Nestus* ou *Mestus*, qui conserve le nom de Mesto, & *Abdera*, la patrie du philosophe Démocrite, se présentent d'abord. Une ville de *Nicopolis*, bâtie par Trajan, & en remontant le Nestus, conserve le même nom. Ce canton de la Thrace étoit occupé par une nation, qui de son nom le faisoit distinguer par celui de *Mædica*, ayant pour capitale une ville nommée *Iamphorina*, qui n'est point connue. A l'issue d'un lac dans la mer, *Topiris*, avec le prénom d'*Ulpia* qu'elle devoit au même empereur, prend la place d'un lieu nommé Bourun. Plusieurs positions le long de la côte, *Maronea*, *Mesembria*, *Sarrum*, & sur l'une des deux embouchures de l'Hebre *Ænos*, se font connoître par les noms qui subsistent, Marogna, Misevria, Castro-Saros, Eno. A l'écart de la mer, nous ferons mention de *Scapta-hyla*, où Thucydide qui y posséda des mines d'or du chef de sa femme, écrivit son histoire, & dont on reconnoît encore le nom dans Skipsilar. *Cypsela*, en remontant de la mer par l'Hebre, garde le même nom. *Cardia*, située vers le fond d'un golfe, qui resserre l'un des côtés de la Chersonèse dont nous allons parler, fut détruite par Lysimaque, un des successeurs d'Alexandre, lors de la fondation d'une nouvelle ville sous le nom de *Lysimachia*, à l'entrée

trée précisément de cette Cherſonèſe. L'évaluation de la largeur de cette entrée ſur le pied de ſix milles, a fait appeler la même ville *Hexa-milium*, & le nom d'Hexamili ſubſiſte encore ſur le lieu. La péninſule que cette ſituation faiſoit appeler *Cherſoneſus*, ayant d'un côté le golfe appelé *Melanes*, fait d'un autre côté le bord de l'Helleſpont, ou du Détroit des Dardanelles comme on dit aujourd'hui. Sur ce détroit *Callipolis* ſe diſtingue ſous ſon nom de Gallipoli. Mais peu au-delà, un petit courant d'eau eſt l'*Ægos potamos*, ou la rivière de la chevre, qu'un événement qui ruina les affaires d'Athènes, & mit fin à la guerre du Péloponnèſe, après plus de vingt ans qu'elle avoit duré, rend mémorable. *Seſtus*, qui étoit au paſſage le plus fréquenté de l'Helleſpont, n'exiſte plus que dans un lieu en ruine, nommé Zemenic, qui fut le premier dont les Turcs s'emparèrent, en paſſant d'Aſie en Europe ſous leur Sultan Orkhan, vers l'an 1356. C'eſt ici le lieu de remarquer, qu'à la hauteur qu'occupe la Cherſonèſe, ſont deux iſles de peu d'étendue dans la Mer Egée, *Samothrace*, & *Imbros*, qui ont conſervé les noms de Samothraki & d'Imbro. La première eſt célèbre dans l'antiquité, comme une terre ſacrée, & un aſile inviolable.

Pour continuer d'aller en avant, & le long de la mer qui s'élargit à la ſuite de l'Helleſpont, il faut dire que cette mer étoit appelée *Pro-pontis*, parce qu'elle devance une autre mer, le *Pontus-Euxinus*. Une iſle qu'elle renferme, mais plus voiſine des terres de l'Aſie que de celles de l'Europe, & dont le nom actuel eſt Marmara, communique aujourd'hui ce nom à la Propontide, qui eſt auſſi appelée la Mer Blanche, par oppoſition au nom de Mer Noire donné au Pont-Euxin. Entre les principaux lieux ſitués ſur ſes bords, *Ganos*, le premier qui ſe préſente, conſerve ſon nom. Mais, une croupe de montagne qui s'élève dans les environs, & qui portoit le même nom, est appelée Tekkiur-dag, ou montagne du prince, & chez les Turcs ce terme de Tekkiur a désigné les Empereurs de Constantinople. *Bisanthe* ayant aussi pris le nom de *Rhædestus*, la position de Rodosto nous l'indique. La plus considérable de ces villes maritimes étoit *Perinthus*, élevée en forme de théatre dans une péninsule, & dont le nom d'*Heraclea* postérieur à l'autre, subsiste en celui d'Erekli dans l'emplacement de cette ville, aujourd'hui ruinée. Byzance devenue Constantinople a fait l'anéantissement d'Héraclée, dont le siége jouit toutefois de la prérogative de métropolitain dans la province distinguée en Thrace par le nom d'*Europa*. *Selymbria* garde le nom de Sélivria; & parce que la même terminaison de *bria* se trouve attachée à d'autres noms, il est à propos de dire que dans la langue des Thraces, elle désignoit une ville. *Byzantium* occupoit une pointe de terre, serrée entre la Propontide, & une longue manche, qui forme un des meilleurs ports que l'on connoisse, & qui a été nommé *Chryso-ceras*, ou corne d'or. A cette pointe, qui regarde l'Asie, commence un canal appelé *Bos-porus*, ce qui signifie proprement passage de bœuf, ouvrant une communication entre la Propontide & le Pont Euxin; & ce Bosphore étoit surnommé *Thracius*, pour le distinguer d'un autre Bosphore, ou du Cimmérien. Le choix que fit Constantin d'une situation aussi avantageuse que celle de Byzance, pour construire dans l'Empire une nouvelle Rome, qui prit le nom de *Constantinopolis*, n'est en général ignoré de personne. Ce fut en prenant du terrein, le long de la Propontide & du port, & en affectant de couvrir sept collines, comme l'emplacement de Rome les renfermoit, que Constantinople s'étendit fort au-delà de l'ancienne Byzance, dont l'enceinte fut néanmoins conservée, comme elle sépare encore le sérail du Grand-Seigneur d'avec la ville. Le nom de Stamboul, que l'usage a établi en Turquie, n'est point une altération du nom de Constantinople, & vient de l'expression grèque *eis-ten-Polin*, où le terme générique de *Polis* est précédé de la préposition de lieu, comme on diroit à la ville, par excellence. Le rivage du Bosphore, ou canal de Constantinople, du côté de l'Europe, se termine près de quelques rochers isolés, qui sont appelés des isles avec le nom de *Cyaneæ* dans l'antiquité.

Cette extrémité de l'Europe dans l'étendue de la Thrace, & resserrée entre deux mers, a été fermée d'un long mur, *Macron-tichos*, commençant un peu audelà d'Héraclée, & finissant sur le bord de l'Euxin près d'un lieu nommé *Dercon*, ou Derkous. Construit par l'empereur Anastase, au commencemenr du sixième siècle, les environs de Constantinople n'en furent pas toujours bien défendus contre les incursions assez fréquentes de plusieurs nations étrangères, & il n'en reste que des vestiges. A quelque distance de la mer, pour tendre vers l'intérieur du pays, *Turullus*, ou comme on lit dans les écrivains Byzantins *Tzorolus*, conserve sa position & son nom dans Tchourli. Un fleuve nommé *Agrianes*, aujourd'hui Ergene, nous conduit à l'Hebre, sur lequel la ville de *Didymo-tichos*, dont le nom indiqueroit un double rempart, existe sous celui de Dimotuc, qui en dérive évidemment. *Trajanopolis* située plus bas, a tenu le rang de métropole dans la province appelée *Rhodope*, & on l'admet dans les cartes comme existante sous le même nom, quoiqu'elle ait souffert la translation de son siége à Maronea. Dans l'endroit où l'Hebre change la première direction de son cours, qui est plus vers l'orient qu'autrement, pour descendre ensuite vers le midi, *Hadrianopolis* avoit primitivement porté le nom d'*Orestias*, que les auteurs Byzantins employent fréquemment en parlant de cette ville. Les trois fleuves, par lesquels on prétendoit qu'Oreste souillé du meurtre de sa mere s'étoit purifié, au rapport de quelques historiens, & entre lesquels étoit l'Hebre, se font connoître, *Ardiscus* d'un côté, & *Tonzus* de l'autre, aujourd'hui Arda & Tonza, se joignant au fleuve à Andrinople même. Cette ville eut la prérogative de métropolitaine dans la province appelée *Hæmimontus*. La nation des *Odrysæ*, une des plus considérables de la Thrace, occupoit les environs. On sçait qu'elle a servi de résidence à des Ottomans avant la prise de Constantinople, & son nom chez les Turcs est Hedrine. En remontant vers les sources de l'Hebre, & peu loin du pied du mont Hæmus, *Philippopolis*, dont on rapporte le nom à Philippe pere d'Alexandre, & que sa situation entre des collines faisoit aussi appeler *Tri-montium*, conserve le nom de Philippopoli, ou de Philiba, comme disent les Turcs. Elle fut métropole dans la province distinguée par le nom de *Thracia*. C'étoit le canton des *Bessi*, dont on a dit que la férocité surpassoit la rigueur du climat (*). On retrouve leur nom dans celui de *Bessapara*, sur une voie romaine, peu loin de Philippopolis, & ce lieu est encore connu sur ce passage sous le nom de Tzapar Bazardgik, ou marché de Tzapar. La contrée appelée *Bessica* avoit une ville principale nommée *Uscudama*, & elle paroît aujourd'hui sous le nom de Statimaka, à quelque distance vers le midi à l'égard de Philippopoli.

Il nous reste une partie de la Thrace adjacente au Pont Euxin. En tournant de ce côté-là, il faut citer *Berœa*, ou *Beroe*, sur les confins de la Mœsie dans la province de Thrace proprement dite, & on lit que rétablie par l'impératrice Irène, cette ville en prit le nom. Un lieu de ce canton, nommé Eski-Zadra pourroit la représenter, comme le terme d'Eski en Turc paroît propre à indiquer

(*) *Suâ Bessi nive duriores.* Paulin de Nole.

d'autres villes anciennes. *Cabyla* est plus reculée, & un acte de souveraineté, en y reléguant des criminels, témoigne que Philippe pere d'Alexandre, avoit étendu jusque-là sa domination. L'*Hæmus* en couvrant le nord de la Thrace, ne termine sa longue chaîne qu'en poussant un promontoire en grande saillie dans la mer; & de même que dans l'antiquité, ce promontoire est appelé *Hæmiextrema*, aujourd'hui c'est Emineh-bourun. L'ancienne dénomination de l'*Hæmus mons* est assez évidente dans celle d'Emineh-dag, selon l'usage qu'on en fait dans un pays dominé par les Turcs. Sur un golfe qui succède à ce promontoire, *Mesembria* & *Anchialus* se font connoître par les noms existans de Misevria & d'Akkiali. *Apollonia*, plus enfoncée dans ce golfe, paroît avoir changé ce nom dans un tems postérieur pour celui de Sozopolis, que l'on prononce actuellement Sizeboli. *Bebeltus*, près d'un lac à quelque distance de la mer, a pris des Bulgares, qu'un empereur Grec avoit mis en possession de cette ville, le nom de Zagora. En rangeant la côte vers le midi; *Thynias*, aujourd'hui Tiniada, sur une pointe avancée en mer, est un nom de lieu remarquable, comme étant dérivé de celui des *Thyni*, qui sortis de la Thrace ont donné le nom à la Bithynie. Il faut dire que *Bizya*, la résidence de Thérée, regnant en Thrace dans les premiers tems, & connu dans la métamorphose, existe comme un lieu de quelque considération, sans avoir changé de nom. *Salmydessus*, ville & rivage, selon qu'il en est parlé dans l'antiquité, conserve un reste de son nom dans Midjeh. Cette partie maritime, où en revenant vers le Bosphore, nous terminerons ce qui concerne la Thrace, tiroit d'une nation nommée *Astæ*, le nom d'*Astica*.

MŒSIA.

Nous comprenons sous le nom de *Mœsia* ce qu'il y a de pays depuis les limites de la Macédoine & de la Thrace, jusqu'aux rives de l'Ister, ou du Danube; & ce qui s'étend en longueur d'occident en orient, depuis la Pannonie & l'Illyricum jusqu'au Pont-Euxin. Il est à remarquer, que le nom du pays & de la nation se trouve aussi écrit *Mysia* & *Mysi*, de même qu'il se lit d'une province de l'Asie au midi de la Propontide, & de son peuple, que l'on croyoit être originaire de la Mœsie dont il s'agit actuellement. Ce pays répond en général à ce que nous appelons Servie & Bulgarie. Il est coupé par des rivières qui ont leurs sources dans les montagnes, dont la chaîne sans interruption va joindre l'*Hæmus*, & ces rivières descendent dans l'Ister. Il en faut excepter *Drinus*, ou le

Drin, qui séparant aujourd'hui la Bosnie d'avec la Servie, se rend dans la Save. Le *Margus*, plus grand qu'aucune autre rivière que renferme la Mœsie, est reçu près d'une ville de même nom par l'Ister. En remontant cette rivière, on la trouve composée de deux branches, Morava de Servie sur la droite, Morava de Bulgarie sur la gauche. *Timacus*, le Timok, vient ensuite, & après plusieurs autres qu'on peut omettre, nous citerons *Œscus*, ou Esker, *Utus*, ou Vid, *Osmus*, ou Osmo, *Iatrus*, ou Iantra. Le nom actuel du *Panysus*, qui tombe dans l'Euxin, n'est point connu pour être le même, comme on le remarque dans les précédens. Il faut être prévenu, que le nom d'*Ister* devient propre au Danube dans la partie inférieure de son cours. Les anciens ne s'expliquent point uniformement sur l'endroit qui peut faire le partage des noms de *Danubius* & d'*Ister*. Il paroît trop reculé vers le haut à *Vindobona*, ou Vienne, beaucoup trop bas à *Axiopolis*. Strabon l'établit à un lieu remarquable par des cataractes, dont nous ferons mention.

La Mœsie fut anciennement occupée en grande partie par les *Scordisci*, nation Celtique; & quand on lit qu'Alexandre, dans une première expédition vers l'Ister, rencontra des Celtes ou Gaulois, c'est de ceux-ci qu'il pouvoit être question. Et quoique le nom des Scordisques fût anéanti dans le tems où la domination Romaine s'étendit dans la contrée, on remarque que plusieurs noms de lieu sur la rive de l'Ister sont purement Celtiques. Darius fils d'Hystaspe, marchant contre les Scythes, avoit trouvé sur son passage, avant que d'arriver à l'Ister, des Getés, qui étoient réputés Thraces; & nous verrons que cette extrémité du pays sur le Pont-Euxin a porté le nom de *Scythia*. La Mœsie paroît assujettie à l'Empire Romain sous Auguste & Tibere. Son étendue en longueur sur le fleuve, qui la féparoit au nord d'avec la Dace, eſt diviſée en ſupérieure & inférieure; & une petite rivière nommée *Ciabrus* ou *Cebrus*, aujourd'hui Zibriz, au delà du *Timacus*, & en deçà de l'*Œſcus*, faiſoit ſelon Ptolémée la ſéparation de ces deux Mœſies. Mais, la Mœſie ſouffrit d'être entamée par le milieu, pour former une province ſous le nom de *Dacia*. L'empereur Aurélien ne croyant pas pouvoir conſerver la Dace conquiſe par Trajan au-delà de l'Iſter, l'évacua, & ce qu'il retira de troupes & de peuple il le plaça en deçà du fleuve, voulant que cette nouvelle province s'appellât la Dace d'Aurélien. Ce que la Mœſie conſerva dans ſa partie ſupérieure fut appelé Mœſie première; & on pourroit croire que le nom de Maſzua, qui eſt reſté à un canton au midi de la Save près de ſon embouchure dans l'Iſter, viendroit de cette Mœſie. L'inférieure fut la Mœſie ſeconde. On diſtingua poſtérieurement dans la Dace la partie riveraine du fleuve sous le nom de *Ripensis*, & celle qui s'enfonce dans les terres sous le nom de *Mediterranea*, celle-ci occupant vraisemblablement une contrée limitrophe de la Macédoine, & connue d'ancienneté sous le nom de *Dardania*.

Passons à un détail de positions particulières, dont le nombre seroit grand en suivant la rive du Danube, s'il ne convenoit pas de se borner ici aux lieux principaux. La première place qui se présente, *Singidunum*, est indubitablement Belgrade, & une isle dans la Save près de cette place en conserve le nom dans celui de Singin. *Taurunum*, qu'on plaçoit à Belgrade, a trouvé sa position en deça de la Save dans la Pannonie. Une dénomination que le *Dunum* témoigne être Celtique, a été remplacée du tems du bas-Empire, par une autre tirée du langage Slavon, & qui signifie ville Blanche. Le lieu de Spenderow, que l'usage est d'appeller Smendria, &

auquel on reculoit la position précédente, convient à une autre ville, dont le nom étoit *Aureus mons. Margus*, qui succéde, conserve des vestiges d'antiquité sous le nom de Kastolatz, quoiqu'aujourd'hui à quelque distance au-dessous de l'embouchure de la rivière de même nom, par un changement arrivé au bas de son cours. *Viminacium* devoit occuper le fond d'un coude que décrit le fleuve, & quelques restes de fortification s'y font remarquer. C'étoit une place considérable, ayant le rang de métropole dans une des provinces de la Mœsie, qui doit être la première. Un lieu nommé *Taliatis*, auquel répond une position, que le nom Slavon de Gradisca fait distinguer, comme dérivé du terme propre à désigner une ville, étoit le dernier poste de la Mœsie première, suivie de la Dace surnommée *Ripensis*; & il est remarquable que le nom de Kraïn soit donné au canton où nous rencontrons ces limites, parce qu'il signifie précisément une frontière dans les pays où le langage Slavon s'eſt répandu. Une autre circonſtance qu'il ne faut point omettre dans les environs du lieu où l'on ſe trouve ainſi porté, & avant que d'aller plus loin, c'eſt qu'une barre de roches traverſant le lit du Danube, forme ce dont on a parlé ci-devant comme d'une cataracte, qui fait la diſtinction de l'emploi du nom d'*Iſter* d'avec celui de *Danubius*. Dans un eſpace où le fleuve eſt très-reſſerré entre des montagnes, le nom de Cliſura que l'on donne à cet eſpace, eſt affecté à une pareille circonſtance locale dans les écrivains Byzantins.

En continuant de ſuivre la rive du fleuve, c'eſt peu au-deſſous de ces lieux reſſerrés, que nous trouvons le pont conſtruit par Trajan pour paſſer dans la Dace. Ce qu'il en reſte de veſtiges fait juger qu'il étoit de 20 arches ; & la meſure priſe entre les culées qui ſubſiſtent, donne 515 ou 520 toiſes, ce qui fait cinq fois la largeur que prend la Seine en arrivant à Paris, & sept fois la longueur du Pont-royal, où la Seine est plus resserrée. Nous donnons ce détail à un objet digne de curiosité. *Bononia*, qui vient ensuite, est Bidin ou Vidin, que l'on sçait être encore une place de considération. *Ratiaria* prévaloit autrefois en qualité de métropole de la Dace riveraine du fleuve, & on en reconnoît le nom dans celui d'Artzar *Œscus* à l'embouchure de la rivière de même nom, a laissé quelques vestiges que l'on nomme Igigen. Et de la manière dont il en est mention dans Ptolémée, en y ajoutant le nom des *Triballi*, cette ville paroîtroit avoir été la principale chez une grande nation établie dans la Mœsie, & Thrace d'origine. Plus bas, *Nicopolis* fut construite par Trajan, pour perpétuer la mémoire de ses victoires, & le nom subsiste sur le lieu. C'est le Nicopoli fatal à une armée Chrétienne, qui fut défaite par Bajazet I en 1393, &

dans laquelle il y avoit beaucoup de noblesse françoise. Cette Nicopolis ne doit point être confondue avec celle que distingue le surnom *ad Jatrum* : car on connoît un lieu portant le nom de Nicop, & situé sur l'Iantra à l'écart du Danube. *Durostorus* étoit du nombre des places principales sur le fleuve, & c'est encore un lieu assez considérable sous le nom de Dristra. Les cartes où ce nom est Silistrie, l'ont emprunté des gazettes. *Axiopolis* conserve le même nom, quoiqu'on lui donne aussi celui de Rassovat. La position de *Carsum*, aujourd'hui Kerscua, est remarquable par une émanation du fleuve sur la droite, formant une lagune, dont le nom d'*Halmyris* désigneroit une saline ; & à son issue dans la mer, une ville qui étoit nommée *Istropolis* paroît remplacée sous le nom actuel de Kara-Kerman, ou forteresse noire. On ne connoît point de lieu correspondant à *Trosmi*, qui paroît néanmoins avoir été un poste principal entre les lieux de la partie la plus basse du cours de l'Ister. On sçait que le terrein isolé par la division du fleuve en plusieurs bras pour se rendre dans la mer, étoit appelé *Peuce*, dont le nom se conserve en celui de Piczina, & duquel étoit dérivé celui des *Peucini*, qu'il est remarquable de voir reparoître sous le bas-Empire, quand il est parlé des Picziniges ou des Patzinacites.

Après avoir ainsi parcouru le bord du fleuve, il faut pénétrer dans l'intérieur du pays. A l'entrée de ce qui fut attribué à la Dace méditerranée, *Naissus*, patrie de Constantin, étoit une place, comme elle l'est encore aujourd'hui sous le nom de Nissa. Sur une voie romaine qui de Viminacium y conduisoit, un lieu nommé *Horrea Margi* (les Gréniers de Margus) est Morava-hisar, ou château de Morava selon les Turcs. Au-delà de Naissus, en tendant vers Sardique, un défilé, dont il est parlé sous le bas-Empire comme d'un passage important à garder dans les montagnes, sur la route qui conduit en Thrace, & appelé *Succorum angustiæ*, est connu sous le nom existant de Zuccora. *Sardica* fut la métropole de la Dace méditerranée. Les Bulgares lui donnèrent le nom de Triaditza. On sçait qu'il en reste des vestiges tout près de Sophia, qui tient aujourd'hui un rang très-considérable, comme résidence d'un Begler-beg, auquel le gouvernement de tout ce que comprend le nom de Roum-iïli est confié. Le lieu qui pourroit être celui d'*Ulpia Pautalia*, que le prénom d'Ulpius que portoit Trajan distingue, n'est point connu. Mais, un autre lieu obscur avant le règne de Justinien, *Tauresium*, où cet empereur avoit pris naissance, devint sous ce règne la ville dominante en cette contrée, & cette ville fut appelée *Justiniana prima*. C'est encore un lieu de quelque considération, dont le nom de Giustendil n'est qu'altéré d'après celui dont il dérive. Les droits d'une grande métropole attribués à Justiniane par son fondateur, ayant été transportés par des rois Bulgares à Achrida, qu'ils avoient choisie pour résidence dans la nouvelle Epire, c'est ce qui a donné lieu de confondre la première Justiniane avec Achride. Il y eut une seconde Justiniane, en décorant la ville d'*Ulpianum*, qui étoit la patrie de Justin, oncle de Justinien, & le nom de Giustendil lui est également commun aujourd'hui. Tout cet intérieur de la Mœsie étoit d'ancienneté appelé *Dardania*, du nom d'un peuple connu pour sauvage dans les premiers tems. Et quoique la Dace méditerranée s'étendît dans la Dardanie, qui auroit compris *Naissus* selon Ptolémée, cependant on distingue une province particulière de Dardanie dans les tems du bas-Empire, & dont la métropole étoit *Scupi*, qui conserve ce nom, ou autrement Uskup, vers les sources de l'*Axius*, & au pied du mont *Scardus*, que l'on appelle Monte Argentaro. On voudroit connoître la position qui peut représenter celle de *Bylazora*, qui dans l'antiquité est qualifiée de capitale de la Pæonie.

Pour achever ce qui concerne la Mœsie, il reste une partie adjacente au Pont-Euxin, dans laquelle ce qui tient de plus près aux bouches de l'Ister, forma vers le tems de Constantin une province particulière sous le nom de *Scythia*. La ville de *Tomi*, que l'exil d'Ovide a illustrée, prit en cette province le rang de métropolitaine, & on la connoît sous le nom de Tomeswar, quoiqu'autrement appelée Baba. Un lieu voisin & maritime, dont le nom est Kiustenge, fait connoître une ville qui étoit nommée *Constantiana*. Le port appelé Mangalia répond à la position de *Calatis*. A quelque distance de la mer, *Marcianopolis*, tirant ce nom de la sœur de Trajan, fut métropole dans la Mœsie seconde. Le nom de Marcenopoli peut être encore d'usage, quoiqu'on dise aussi que chez les Bulgares elle est appelée Prebislaw, ou la ville illustre. Nous finirons par *Odessus*, qui paroît être Varna, qu'une grande bataille gagnée sur les Hongrois par Amurat II, en 1444, distingue dans l'histoire.

DACIA.

Deux nations qui paroissent associées, & auxquelles le même langage étoit commun, *Daci & Getæ*, les Daces & les Getes, occupoient un grand espace de pays, qui de la rive du Danube, s'étendoit vers le nord jusqu'aux frontières de la Sarmatie d'Europe. Des *Iazyges*, nation Sarmate, établie entre la Pannonie & la Dace, sont compris par cet emplacement dans ce qui fait notre objet actuel. Il y a tout lieu de croire que les Getes étoient Scythes d'origine ; & lorsque transportés en Asie nous traiterons de la Scythie, le berceau de cette nation se fera connoître sous le nom de Geté

qu'il

qu'il conserve. Il y avoit des Getes établis en Thrace, sur la route que fit vers l'Ister Darius fils d'Hystaspe. Dans une expédition d'Alexandre contre les Triballes, & postérieure de près de deux siècles à celle de Darius, il n'est question des Getes que dans leur position au-delà du fleuve. Mais, ne se contenant pas dans leurs limites, la Mœsie & l'Illyricum souffrirent de leurs incursions, & les nations Celtiques qui y avoient pris des établissemens, furent détruites. Auguste, pour qui le Danube comme le Rhin fut une limite que la nature sembloit donner à l'Empire, se contenta de réprimer les Daces, & de fortifier la rive du fleuve. Il n'en fut pas de même de Trajan, qui eut le goût des conquêtes. Quoique les Daces & les Getes paroissent avoir formé un seul corps politique, comme tout le pays a été également réduit par Trajan, on voit cependant une distinction d'emplacement, en ce que les Daces ont leur district particulier assigné au-dessus des Getes, & ceux-ci plus bas sur le fleuve, & vers le Pont-Euxin. Le nom des Getes est plus familier aux Grecs, celui des Daces aux Romains, & ce nom fait celui de la contrée. Il ne seroit même plus mention du nom des Getes, si ceux qui ont écrit ne se méprenoient point en confondant ce nom avec celui des Goths, nation Tudesque ou Germanique, qui dans le milieu du troisième siècle avoit envahi la Dace.

On ne jette communément les yeux que sur la Transilvanie quand il s'agit de la Dace. Mais, de grands vestiges de retranchemens Romains, pour couvrir le pays conquis, témoignent sur les lieux qu'une partie limitrophe en Hongrie y étoit comprise; & par des positions qui appartiennent à la Dace, la Valakie & la Moldavie sont enveloppées dans une vaste province, que les armes de Trajan joignirent à l'Empire. Il faut entrer dans quelque détail sur ce sujet. *Tibiscus*, où conduit une voie romaine en partant de Viminacium, est Temesvar : & de cette place une autre voie entrant par des défilés dans la Transilvanie, rencontre à leur issue la ville qui fut dominante en tout le pays, & qui sous le nom de *Sarmizegethusa* ayant servi de résidence à Décébale vaincu par Trajan, reçut de ce prince celui d'*Ulpia-Trajana*, auquel le primitif a été aussi associé. Des ruines conservent un reste de magnificence en ce lieu, qui n'est aujourd'hui habité que par quelques pâtres, & est appellé Varhel, ce qui signifie siége ou emplacement de la ville, autrement Gradisca, ce qui le dénoteroit de même. Une voie qui en sort pour conduire dans le nord de la Transilvanie, nous fait d'abord trouver une ville notable, *Apulum*, que celle qu'on nomme Albe-Julie, ou comme on devroit dire Albe-Gyula, a remplacée. Le lieu de *Salinæ*, qui est au-delà, convient à Torda, où il y a des carrières de sel ; & *Napoca* tire son indication du nom actuel de Doboca. Il y a quelque indice qu'*Ulpianum* est Kolosvar. On retrouve d'autres lieux par analogie dans la dénomination, *Rhuconium* dans Regen, *Uti-dava* dans Udvar, & *Docirana* peut se rapporter à Dorna. Le Maros, qui traverse le milieu du pays, pour entrer en Hongrie & se rendre dans la Teisse, est connu par le nom de *Marisus* dans l'antiquité.

Une autre rivière qui sort de la Transilvanie, en perçant la chaîne de montagnes qui la sépare de la Valakie, *Aluta*, conserve le nom d'Olt, ou Alut. On connoit la trace d'une voie romaine, le long de cette rivière jusqu'au Danube vis-à-vis de Nicopoli, & sur laquelle entr'autres positions, celle de *Castra Trajana* se place vers l'endroit où est aujourd'hui Ribnik; & celle du nom de *Castra nova*, & que l'on croit être un établissement de Constantin, convient à un lieu qui en conserve de grands vestiges. Il faut citer *Zernes*, qui étoit une place de guerre à l'entrée du pays, peu loin du pont de Trajan, & le même nom est resté sur le lieu, en l'écrivant Czernez. Au-delà d'Aluta, le nom d'*Ardeiscus*, aujourd'hui Argis, étoit commun à une ville & à une rivière, & il en est encore de même. On lit *Ordessus* dans Hérodote, & une autre rivière qu'il indique sous le nom de *Naparis*, doit être celle qu'on nomme Proava. Dans l'étendue de la Moldavie, qui paroît avoir appartenu aux Getes en particulier, *Ararus* se rapportera au Siret ; *Porata* ou *Poretus* est évidemment le Prut, qui dans Ptolémée paroît sous le nom d'*Hierassus*. Il faut croire que la Dace de Trajan n'avoit d'autres limites que le cours du *Tyras*, dont le nom de *Danaster* dans les tems postérieurs a fait celui de Dniester. On a connoissance que depuis le Siret, près de son entrée dans le Danube, jusqu'au Dniester vers la position actuelle de Bender, il existe une grande voie romaine, qui est appelée Troiane ou Trajane. En s'avançant dans le pays, on reconnoit des lieux que donne Ptolémée dans la Dace, comme *Palloda* paroit être Barlad, *Petro-dava* Piatra, *Susi-dava* Suczava, *Netin-dava* Sniatyn sur la frontière de Pologne. La finale répétée en plusieurs de ces noms semble avoir rapport au nom de Dave, que portoient des esclaves tirés de la Dace. Le *Iassiorum municipium*, Iassi, est donné par une inscription. Et une ville de *Prætoria Augusta* dans Ptolémée, paroît représentée par celle que distingue actuellement le nom de Roman, au confluent de la Moldava avec le Siret. Mais, ce qui regarde le *Cokajons Mons* est singulièrement remarquable, pour avoir été la demeure d'un pontife, en qui les Getes croyoient que la divinité étoit inhérente, avec l'opinion conforme à celle des Lamas de la Tartarie, sur la transfusion d'une même ame dans la succession de ces pontifes, depuis celui qui est célèbre sous le nom de Zamolxis. Une rivière du même nom que la montagne couloit au pied, & c'est ce qu'on retrouve précisément, avec un nom fort semblable, qui est Kaszon, aux confins de la Moldavie & de la Transilvanie. On connoit encore actuellement dans cette ancienne Dace un peuple Romain d'origine, parlant un langage dérivé manifestement du Latin, & qui sous le nom de Vlak ou Valak ayant occupé un canton de la Tartarie plus reculé que n'est la Mer Caspienne, & où il avoit été transporté, est rentré avec des Patzinaces & des Bulgares, dans une terre qui avoit été Romaine. Un mémoire inféré dans le volume XXX de l'Académie, fournit sur ce sujet plus de détail qu'on ne peut s'en permettre ici.

Pour remplir ce que nous embrassons de pays dans cet article, il reste un espace entre les limites de la Dace

Romaine, & le cours du Danube le long de la Pannonie. Dans cet espace habitoit, comme on en est prévenu d'avance, une nation Sarmate, les *Iazyges*, qui étoient surnommés *Metanastæ*, ce qui les désigne comme transplantés ou poussés hors de chez eux. Et nous verrons en effet d'autres Iazyges établis sur le Palus Mœotide. Le pays est couvert au nord par une grande chaîne de montagnes, dont le nom de *Carpathes* subsiste, n'étant qu'altéré dans celui de Krapak. C'est aussi ce qu'on trouve appelé *Alpes Bastarnicæ*, en usant du terme d'*Alpes* comme étant générique à l'égard des montagnes, & la grande nation des Bastarnes, dont il sera parlé en traitant de la Sarmatie, communiquant son nom à ces montagnes. Le *Tibiscus*, ou la Teisse, en sort, pour prendre son cours en tournant au midi, au travers d'un pays de plaine, jusqu'à la rencontre du Danube, recevant le *Crisius*, ou Kerés, & le *Marisus* dont il a été fait mention. Le nom d'*Anarti* est donné comme celui d'une nation particulière, contiguë aux Daces vers le nord. Quant aux Iazyges, il est remarquable que malgré les révolutions que la Hongrie a éprouvées, ils y soient encore connus dans les environs d'une ville à la hauteur de Bude, & dont le nom d'Iaz-berin signifie fontaine des Iazyges.

IX.

SARMATIA EUROPÆA.

Cette vaste contrée, contiguë à la partie orientale de la Germanie, acheve de remplir le continent de l'Europe. Elle en passe même les limites, par ce que le nom des *Sarmatæ*, ou selon les Grecs *Sauromatæ*, s'est étendu au-delà du Tanaïs. Pour donner une idée générale de cette grande nation, & la distinguer de ce qui est Germanique d'un côté, & Scythique de l'autre, il faut dire, que tout ce qui parle un langage foncièrement Slavon, & ne variant que selon différents dialectes, est Sarmate Et si on trouve ce même fond de langage établi dans des contrées étrangères à l'ancienne Sarmatie, c'est que dans les tems qui ont succédé à ceux de l'antiquité, des essaims de cette nation se sont répandus en Germanie jusqu'à l'Elbe, & au midi du Danube jusqu'à la Mer Adriatique.

La Sarmatie est en général un vaste pays de plaine, & c'est du terme de *Pole*, qui signifie plaine, que la Pologne, qui fait l'entrée de la Sarmatie, tire son nom. La Vistule est regardée comme faisant la séparation de la Sarmatie d'avec l'ancienne Germanie. Ptolémée conduit plusieurs rivières, à la suite de la Vistule, dans le *Sinus Venedicus*, désignant ainsi une partie de la Mer Baltique : & ces rivières, *Chronus*, *Rubo*, *Turuntus*, *Chessinus*, seront ; Pregel, que son embouchure au-dessous de Konigsberg a dû faire remarquer ; Ruff, qui vers le haut de son cours se nomme Niemen ; Duna, & Perna, qui tombent dans le golfe de Livonie ; & il est très-convenable d'avoir de la retenue en cherchant à faire ces applications, sans courir trop au loin. Ce golfe paroît être le *Cylipenus*, ayant au rapport de Pline une isle à son embouchure, sous le nom de *Latris*, comme il est vrai que celle d'Osel en couvre l'entrée. Le Borysthène est composé de deux rivières dans Ptolémée, dont les sources sont distinguées en septentrionale & méridionale, & celle-ci ne peut se rapporter qu'au Prypec, qui tombe dans le Dnieper au-dessus de Kiovie. Car, le Borysthène a changé de nom, & de celui de *Danapris* usité dans les tems postérieurs, dérive la dénomination actuelle. La rivière qui sous le nom d'*Hypanis* s'y rend peu au-dessus de la mer, ayant été aussi appellée *Bogus*, le nom de Bog lui est resté. Pour ce qui est du Tanaïs, qui prenant sa source en pleine Sarmatie, sépare dans la partie inférieure de son cours l'Europe d'avec l'Asie, il est appelé la Tane dans quelques voyages écrits depuis 500 ans, en communiquant même ce nom au Palus Mæotide, dans lequel on fait qu'il fe rend. L'ufage préfent de dire le Don, n'eft qu'une forme abrégée du nom primitif. Une ville fituée à fes embouchures, & qui étoit l'entrepôt du commerce en cette contrée, portant le même nom de *Tanais*, eft célèbre dans la tradition des peuples du nord fous le nom d'Aas-gard, ou de ville d'Aas, qu'il eft remarquable de voir fubfifter dans celui d'Azof en même pofition. On peut encore diftinguer, que ce nom entre dans celui de *Tan-ais*, compofé de deux membres, dont le premier eft repréfenté par le nom actuel du fleuve.

Quoique le grand fleuve, dont le nom eft *Rha* dans Ptolémée, foit par lui compris tout entier dans la Sarmatie adjugée à l'Afie, la connoiffance pofitive que nous avons des fources du Volga dans le voifinage de la naiffance de Boryfthène, & plus engagées en Europe que ne l'eft la fource même du Tanaïs, voudroit que des deux rivières dont Ptolémée forme le Rha, celle qu'il diſtingue ſous le nom d'occidentale convint à la Sarmatie Européenne, plutôt qu'à l'Aſiatique. La branche orientale même, que la Kama qui tombe dans le Volga repréſente, ſortant des montagnes qui ſemblent élevées pour ſéparer deux Mondes différens, comme elles ſéparent la Ruſſie d'avec la Sibérie, que l'on ne connoiſſoit pas il y a deux ſiècles, pourroit être revendiquée en faveur de l'Europe. Juſque-là le pays n'offre point de montagnes; & celles qui ſont célèbres dans l'antiquité ſous le nom de *Riphæi montes*, ou *Ripæi* ſelon les Grecs, n'exiſtent en aucune manière près des ſources du Tanaïs, comme on les voit dans Ptolémée. S'il marque une chaîne de Monts Hyperboréens, c'eſt-à-dire plus élevés vers le ſeptentrion, le local ne montre rien qui puiſſe s'y rapporter que les montagnes dont on vient de parler, & que dans les premières notions qu'on en a eues, on croyoit pouvoir appeller *Cin-*

gulum Mundi, la ceinture du Monde.

Il faut maintenant faire connoître quelques nations principales, entre celles que l'on trouve citées comme répandues dans la Sarmatie. Les *Venedi* s'étendoient au loin depuis le rivage de la Mer Baltique; & si on remarque que leur nom subsiste en celui de Wenden dans un district de la Livonie, c'est d'une manière resserrée, & qui ne répond point à l'étendue de la nation. Passant même la Vistule, les Vénedes prirent possession jusqu'à l'Elbe des terres évacuées vers la fin du quatrième siècle par les Vandales, dont on voit quelquefois le nom confondu mal-à-propos avec celui des Vénedes, la différence entre ces nations étant bien décidée par le langage, Slavon chez les Vénedes, Tudesque chez les Vandales. Et il est remarquable, que le Slavon a suivi des Vénedes, transportés dans le canton de la Carniole, qui de leur nom est appelé Windishmark. Le pays qu'occupoient les Vénedes étoit dans le dixième siècle celui des *Pruzzi*, dont il est d'usage actuellement de remplacer le nom par celui de *Borussi*, que l'on trouve à la vérité dans Ptolémée, mais qui y paroît reculé dans l'intérieur de la Sarmatie, vers l'emplacement qu'il donne aux monts Riphées. C'est sur ce rivage que la mer jette l'ambre, appelé par les naturels du pays *Glés*, par les Romains *Succinum*, par les Grecs *Electrum* : & des isles du nom d'*Electrides* ne peuvent être que les plages longues & étroites, qui séparent de la mer les golfes nommés Frisch-haf & Curisch-haf. Selon Tacite, l'ambre auroit été recueilli par les *Æstiæi*, que Ptolémée ne connoît point, mais dont le nom se conserve hors des limites de la Prusse, dans l'Estonie, qui fait partie de la Livonie ; & on ne doute point que le nom d'Est-land dans les écrivains du moyen-âge, ne vienne de la position orientale du pays à l'égard de la Mer Baltique.

Selon Ptolémée, les grandes nations de la Sarmatie, outre les Vénedes par lesquels il commence, sont les *Peucini* & *Bastarnæ*, qui occupent le dessus de la Dace ; les *Iaziges* & *Roxolani*, établis sur le Palus Mæotide. Il y ajoute dans l'intérieur les *Hamaxo-bii*, ou vivans dans des chariots, que Tacite distingue des Vénedes & des Peucins ou Bastarnes, en ce que ceux-ci se construisent des habitations fixes. Il est parlé des Bastarnes & des Peucins comme d'une même nation ; de sorte que le nom de *Peucini* ne feroit que distinguer la partie de cette nation qui auroit été voisine de l'isle *Peuce*, entre les bras qui forment les embouchures du Danube, & dont le nom de Piczina conserve un rapport évident à ceux de Peucins & de Picziniges, comme nous l'avons déja remarqué dans un autre endroit. Les *Iazyges* paroissent une nation fort étendue, dont une partie est nommée avec les *Tyri-getæ*, établis sur le *Tyras*, ou Dniester. Leur emplacement sur le Palus est donné à des Scythes par Hérodote.

On croit voir les *Roxolani* peu reculés, quand on trouve leur nom associé aux Bastarnes & aux Daces, & l'empereur Adrien en traité avec le roi de la nation. On est encore fort tenté de croire, que le nom des Roxolans est celui des Russes, qui ayant occupé dans le midi de la Pologne ce qui paroît avoir été la demeure des Bastarnes, on laissé leur nom à une des principales provinces de ce royaume.

Il faut ajouter à ces peuples les *Budini & Geloni*, dont parle Hérodote dans le récit qu'il fait de l'expédition de Darius fils d'Hystaspe contre les Scythes. Ces deux nations paroissent en grande liaison, quoique différentes entre elles; la première étant purement Sarmatique, & adonnée à la vie pastorale; l'autre sortie des établissemens que les Grecs avoient formés sur le Pont-Euxin, & ayant communiqué à ses voisins le culte & une partie du langage Grec. Une ville toute construite de bois chez les Budins, & qui se nommoit *Gelonus*, que Darius détruisît par le feu, pouvoit être un ouvrage des Gélons. Par le détail que fournit Hérodote sur le canton des Budins, & dans lequel un ouvrage abrégé ne sauroit entrer, on croit distinguer ce canton sur la droite du Borysthène au-dessous de Kiovie. Mais, il semble par d'autres endroits que ce peuple soit remonté plus haut ; & que les Gélons s'étant plus écartés des lieux de leur origine, soient devenus plus Sarmates qu'ils n'étoient du tems dont Hérodote parle. Car ils sont représentés comme ayant des couleurs imprimées sur la peau, de même que ce qui est dit des *Agathyrsi*. Ceux-ci sont bien plus méridionaux dans Hérodote, qu'ils ne paroissent dans Ptolémée. Ce qui décrie davantage les Sarmates, c'est d'avoir parmi eux des *Andro-phagi*, & des *Melan-chlœni*, ou vêtus de noir, mangeans de la chair humaine. On trouve des nations qualifiées de Royales ; & les *Basilii* sont des Scythes, selon Hérodote, près du Palus & de l'entrée de la Cherfonèfe Taurique. Strabon joint des *Bafilii* aux Iazyges nommés avec les Tyrigetes. Dans Ptolémée, la nation diftinguée par ce nom eft reculée dans ce qu'on a vû précédemment qu'il attribue à la Sarmatie Afiatique; & pour lui donner une place, on pourroit imaginer que le canton de la Ruffie, ou d'anciens princes Ruffes ont été établis, comme eft celui de Wolodimer, conviendroit mieux qu'un autre. Les *Perierbidi*, qu'il dit former une grande nation dans la même contrée Sarmatique, fe compareroient à ce qui eft diftingué depuis long-tems vers les limites de la Ruffie du côté de la Sibérie, fous le nom de Welika Permá, ou de Grande Permie.

Il eft parlé dans Pline fous le nom d'*Arimphœi*, d'un peuple qu'il conviendroit d'eftimer très-reculé vers le nord, comme étant le plus voifin d'un promontoire attribué à la Celtique, dont le nom dans les premiers tems s'étendoit à toute la partie septentrionale de l'Europe. Si en examinant le local, on cherche ce qui peut représenter ce promontoire qui est appelé *Lytarmis*, le Candenoss paroîtra bien la pointe de terre la plus en saillie dans la Mer Glaciale, audelà du golfe que l'on nomme Biela More, ou Mer Blanche. Il est à présumer que les anciens avoient quelque idée de cette mer, dont l'enfoncement pouvoit beaucoup contribuer à leur faire regarder la Scandinavie comme une terre renfermée par des golfes. Un fleuve cité de même dans cette dernière région où nous sommes transportés, & nommé *Carambucis*, pourroit s'appliquer à la Dwina, que l'on sçait avoir ses embouchures dans la Mer Blanche. Les Arimphées habitoient les forêts, vivoient de gland. Ce séjour est celui qui distingue encore un peuple, connu dans cette contrée sous le nom de Siræni. Mais, qu'une nation soit réputée sacrée, & semblable aux Hyperboréens, selon ce que Pline ajoute sur le compte de celle-ci, c'est ce qu'il convient de regarder de même œil que tout ce que l'antiquité débite à l'avantage d'une nation Hyperboréenne très-enfoncée dans le nord, avec des merveilles surnaturelles dans son climat. Voilà ce qu'il y a de plus remarquable à dire sur les nations de la Sarmatie. Pour terminer ce que nous comprenons dans le même article, il faut descendre vers le Pont-Euxin, & traiter de la Chersonèse Taurique.

Les bords du Pont-Euxin depuis les bouches de l'Ister, les environs du Borysthène, & le rivage du Palus, sont donnés à des Scythes par Hérodote : & d'après Strabon on pourroit y appliquer le nom de *Parva Scythia*, ou de Petite Scythie, de même que dans les cartes modernes il est commun de voir cette contrée sous le nom de Petite Tartarie. Les Grecs y avoient formé quelques établissemens ; & une colonie Milésienne, à laquelle on avoit donné le nom d'*Olbia* (ou d'heureuse) étoit située un peu au-dessus de l'embouchure du Borysthène, à l'endroit où il reçoit l'Hypanis. C'est d'une autre position, & comme étant à la bouche même du fleuve, qu'une place tire actuellement son nom d'Ouzi ou d'Oczakow en langage du pays. Quand en remontant le fleuve, on trouve un lieu remarquable par l'avantage de sa situation dans un labyrinthe de canaux, qui en fait la retraite assurée des Cosaques, on est tenté d'y rapporter une position que donne Ptolémée sur le Borystène au-dessus d'Olbia, sous le nom de *Metropolis*. On ne voit point qu'il soit mention dans les écrivains de l'antiquité, & avant Constantin Porphyrogenete, des cataractes du fleuve, qui sont appelées Porowis. Mais, en se rapprochant de la mer, des langues de terre resserrées d'une manière singulière entre le rivage & des lagunes, & formant une pointe, étoient appelées *Dromus Achillei*, ou la Course d'Achille, en supposant que ce héros y avoit célébré des jeux.

L'entrée de la Chersonèse est resserrée d'un côté par la profondeur d'un golfe, qu'une ville adjacente nommé *Carcine*, faisoit appeler *Carcinites*, & dont le nom de Necro-pyla (ou de porte mortuaire) dans les tems postérieurs, a fait par méprise celui de Negropoli dans quelques cartes, comme d'une ville qui remplaceroit Carciné. Ce qui resserre d'un autre côté l'entrée de la Chersonèse, est un marécage émané du Palus Mæotide, & nommé *Byces*, *Putris* ou *Sapra*, actuellement Gniloé-more en langage du pays, avec la même signification que *Putris* en Latin, & *Sapra* en Grec, ou celle de marais bourbeux. Un fossé, *Taphros* selon le terme Grec, avoit été creusé pour fermer cette entrée ; & une place de même nom, ou *Taphræ*, en faisoit la défense, comme on y voit aujourd'hui la forteresse de Perekop, autrement nommée Or, & Or-capi en y

ajoutant

ajoutant une terme Turc qui signifie porte. Cette Chersonèse selon l'expression greque, ou péninsule, enveloppée du Pont-Euxin & du Palus, fut enlevée aux Cimmériens, que leur incursion en Asie au midi de l'Euxin avoient rendus célèbres, par des Scythes; & ceux que distingue le nom de *Tauri* ou *Tauro-Scythæ*, paroissent également établis dans les dehors comme dans l'intérieur de la péninsule, à laquelle le nom de *Taurica Chersonesus* est devenu propre. Mais il est à remarquer, que le nom actuel de Krim, ou de Crimée comme on dit ordinairement, pourroit être dérivé de celui des *Cimmerii*. Dans cette terre qui avoit pris le nom de Taurique, une partie montueuse vers le midi, conservoit le nom de *Mons Cimmerius*, & on y retrouve une ancienne place, appelée Eski-Krim, ce qui signifie le vieux Krim.

Des Grecs étant venus s'établir dans la Chersonèse, s'y cantonnèrent aux environs du Bosphore; & un petit Etat qu'ils y avoient formé ayant été cédé à Mithridate, que ses guerres avec les Romains ont rendu si célèbre, ce prince réduisit à l'obéissance les Scythes qui étoient demeurés maîtres de la plus grande partie de la Chersonèse. Après lui, le Bosphore eut une suite de rois, qui reconnoissoient la supériorité de l'Empire Romain. On trouve le nom de Gothie donné à ce pays, parce que des Goths s'y sont maintenus quelque tems sous le bas-Empire. Il nous reste à parler de quelques lieux principaux de l'antiquité. Et premièrement d'une Chersonèse particulière, formée par la profondeur de deux ports. Des Grecs sortis d'Héraclée, ville maritime de la Bithynie, y avoient construit une ville, qui paroît avoir eu deux emplacemens successifs, sous le même nom de *Chersonesus*. Les empereurs Grecs conservèrent cette place, qui gardoit le nom de *Cherson*; & on peut douter que la position actuelle de celle qui se nomme Koslevé, réponde précisément à l'ancienne.

Le continent de la Taurique est terminé vers le midi par un promontoire fort avancé dans le Pont-Euxin, & qui étoit appellé *Criu-metopon*, ou front de bélier. Aujourd'hui chez les Turcs son nom est Karadjé-bourun, ou nez noir. Les anciens ont remarqué, qu'il fait face à un promontoire non moins élevé dans le continent de l'Asie, appelé *Carambis*, en disant même qu'en mer dans l'intervalle de ces promontoires, on a vue de l'un & de l'autre. Sur la côte qui s'étend du front de bélier au Bosphore, on convient de donner à une ville que des Grecs avoient nommée *Theodosia*, la position actuelle de Cafa. La principale des villes qui fût sur le Bosphore Cimmérien étoit *Panticapœum*, qui devoit comme les autres villes maritimes de cette contrée sa fondation à des Grecs, & on est bien fondé à croire que le nom de *Bosporus* lui est aussi appliqué. Le lieu qui en tient la place se nomme Kerché, au-delà duquel est une place appelée par les Turcs Iéni-calé, ou nouveau château. On sçait assez que le *Bosporus Cimmerius* fait la communication du *Palus Mæotis* avec le Pont-Euxin. Les Italiens que le commerce a conduits dans ces mers, comme la possession de Cafa par les Génois jusqu'à la prise de cette ville par Mahomet II. le témoigne, ont donné au Palus le nom de Maré dellé Zabaché; & le Bosphore qui est quelquefois appelé Canal de Cafa, est plus communément nommé Détroit de Zabache. On trouve aussi le Palus être appelé Limen, quoique pour répondre au terme latin de *Palus*, le terme Grec est *Limnè*, & non pas *Limen*, qui signifie port. Dans le pays même, on a communiqué au Palus le nom de *Tanais*, selon le témoignage d'un auteur Byzantin; & comme il est plus commun aujourd'hui de l'appeler Mer d'Arof qu'autrement, nous avons remarqué en parlant du Tanaïs, que dans cette dénomination même du fleuve, le nom de la ville se trouvoit compris. C'est ainsi qu'en terminant cet article concernant la Sarmatie, nous mettons fin à la description de l'Europe selon l'ancienne Géographie.

FIN DE L'EUROPE.

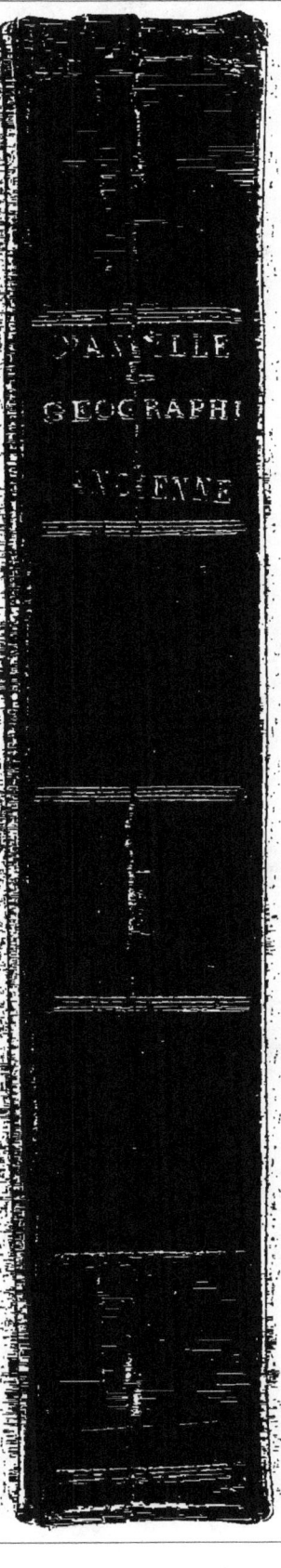

D'ANVILLE
GEOGRAPHIE
ANCIENNE

www.ingramcontent.com/pod-product-compliance
Lightning Source LLC
Chambersburg PA
CBHW060614170426
43201CB00009B/1019